행복의 열쇠가 숨어 있는
우리말의 비밀

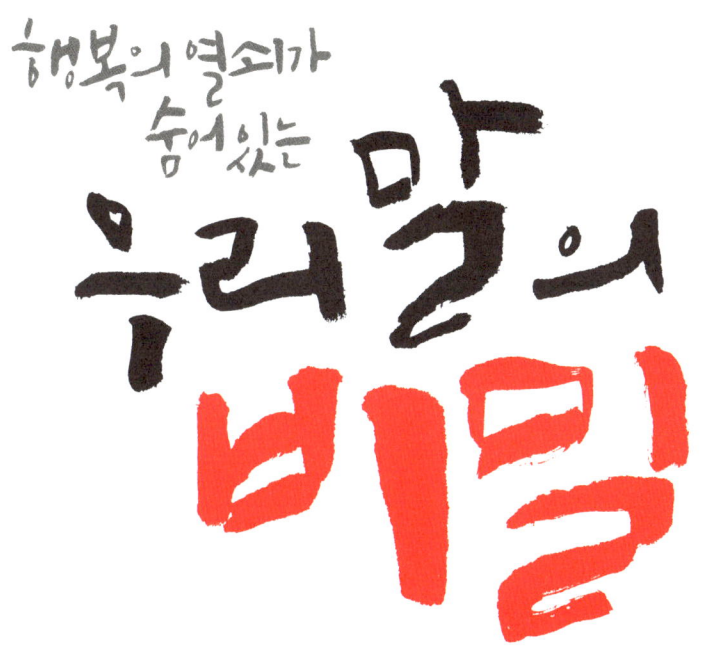

一指 이승헌 지음

한문화

추천사

한글의 우수성만큼이나 우리말에 깃든 정신도 놀랍다

'얼'이 살아 있어야 '얼굴'이고, '얼'이 죽으면 '낯짝'이라는 풀이는 우리말이 왜 얼의 언어인지를 단숨에 깨우치게 한다. '얼'이 커야 '어른'이 되고 '어르신'이 된다는 것만 알아도 사람이 사람 노릇하는 도리를 터득하는 셈이다. 지금껏 그저 밥 먹고 물 마시듯 써온 우리말이 이토록 깊은 정신의 뿌리에서 나왔다는 사실이 참으로 놀랍다. 한글의 우수성은 잘 알지만 우리말의 정신에 대해서는 이제야 듣게 되다니, 나의 무관심과 무지가 부끄러울 지경이다.

'얼'은 환한 의식이며, 얼을 찾는 것이 자기 가치를 발견하고 실현하는 것이라고 저자는 말한다. 또한 얼을 깨우침으로써 얼빠진 교육, 얼빠진 정치, 얼빠진 경제, 얼빠진 종교를 극복할 수 있다는 해법을 제시한다. 우리말 속에 숨어 있는 '행복의 열쇠'를 찾는 이들이 많을수록 우리나라는 튼튼해지고 밝아질 것이다.

이수성   전 서울대학교 총장, 전 국무총리

우리말에 대한 통찰로 사람의 가치를 일깨운다

우주를 운행하고 생명을 출현시킨 오묘한 원리 속에서 사람의 '말'이 태어났다. 호흡과 함께 시작된 말은 울음소리와 웃음소리로 분화된 이후 끊임없이 가지에 가지를 치면서 지구상에 인간의 문명을 이룩했다. 따라서 말의 역사는 문명의 탄생보다 까마득하게 앞선 생명의 역사와 나란한 것이다.

말의 실체는 생명의 작용이기에 말은 당연히 우리 몸과 정신에 닿아 있다. 저자는 이 같은 말의 진면목을 우리말을 통해서 흥미롭게 펼쳐 보여 준다. 그러나 언어학이나 역사학에 기초한 책이 아니라, 만화까지 곁들여 우리말 속에 숨어 있는 참뜻을 알리는 데 집중한 책이어서 누구나 즐겁게 우리말의 세계를 탐험해 볼 수 있다.

나는 역사학자로서가 아닌 한국인의 한 사람으로서 이 책을 흥미롭게 읽었다. 우리말에 대한 통찰도 새롭지만, 무엇보다 사람의 가치를 일깨우고자 하는 저자의 간곡한 마음이 전해져왔다. 앞으로 우리말을 낳은 정신의 역사에 학자들이 더욱 관심을 갖고 본격적으로 연구해주기를 기대해본다.

　　　　김호일 문학박사, 중앙대학교 역사학과 명예교수, 전 안중근기념관 관장

우리 노래 아리랑을 다시 음미하게 만든 책

우리 노래 '아리랑'이 참나를 찾는 기쁨을 노래한 곡이라는 해석이 무척 인상적이다. 떠나간 임을 원망하는 노래가 어떻게 우리 민족의 애창곡이 된 걸까 의아해 한 적이 있는데, 아리랑이 깨달음의 본성을 노래하고 있다니! 나는 '그러면 그렇지' 하고 무릎을 쳤다. 저자는 깨달음의 본성이 '얼'에서 나온 것이라고 말한다. 저자의 말 그대로, 모든 사람의 고향이 얼이니 얼을 노래한 아리랑은 누구에게나 고향의 노래일 수밖에 없는 것이다. 그래서 우리가 이토록 아리랑을 부르고 또 불러온 것일 게다.

우리말 속에 깃든 위대한 정신을 우리도 모르고 살아왔다는 사실을 화들짝 깨우쳐 주는 아주 흥미로운 책이다. 아리랑을 한 번이라도 불러본 사람은 꼭 읽어보기를 권한다.

이상수 전 노동부 장관, 전 국회의원

'얼'에서 나온 우리말의 특성을 흥미롭게 풀어내다

저자는 언어학적인 규명을 책임지기 위해 직관적 해석을 포기해야 하는 언어학자가 아니다. 그는 우리말 속에 숨어 있는 의식을 읽어 내고, 그 의식의 뿌리를 '얼'이라고 파악한다. 얼은 정신과 같은 말로 흔히 쓰이지만, 정신 중에서도 가장 핵심을 이루는 의식의 본질을 뜻한다.

이 책은 얼에서 나온 우리말의 특성을 흥미롭게 풀어낸다. 그 대표적인 말이 '얼굴'이고 '어린이, 어른, 어르신'이다. 얼굴은 '얼'이 깃든 곳이고, '어린이, 어른, 어르신'은 얼이 자라는 정도를 뜻하는 말이라고 저자는 풀이한다. '좋다'는 조화로운 것과, '나쁘다'는 나뿐인 것과 연관 지은 부분은 단순하면서도 깨우침을 주는 저자 특유의 메시지를 담고 있다. 얼에 뿌리를 둔 우리말의 참 가치를 깨우침으로써 얼을 찾고 얼의 문화를 되살릴 수 있다는 것이 저자가 이 책을 통해 진정으로 하고 싶은 말이다.

강천석 조선일보 주필

독자 여러분께

우리말을 소리 나는 대로 적을 수 있는 글자가 없는 것을 안타깝게 여긴 세종대왕이 우리글 '훈민정음'을 만들었습니다. 덕분에 우리는 누구나 우리글을 읽고 쓸 수 있게 되었고, 그 뛰어난 과학적 문자 체계에 세계가 탄복하는 한글은 대한민국의 자긍심을 대표하는 문화자산이 되었습니다.

그런데 한글에 비할 수 없이 오래 전부터 사용해온 우리말은 오늘날 사정이 어떻습니까? 태어나서 절로 익힌 말이니 그저 당연히 쓸 뿐, 우리말에 대해 특별히 관심을 가지거나 그 가치에 대해 배운 바가 있습니까?

정보를 전달하는 매체가 인터넷을 중심으로 다양하게 발달하면서 영어가 세계 공용어가 되다시피 했습니다. 동시에 새로운 말이 만들어지고 확산되는 속도도 점점 더 빨라지고 있습니다. 이러한 변화는 작은 나라 대한민국에서만 사용하는 우리말의 운명에 어떤 영향을 미치게 될까요?

말은 그저 소리가 아닙니다. 사람이 유독 말을 하는 존재가 된 것은 사람에게 정신이란 게 있기 때문입니다. 말은 정신의 산물입니다. 그럼 영어와 다르고 일본어, 중국어, 아랍어와도 다른 한국말은 한국 사람의 정신에서 나온 것이겠지요. 한국 사람의 정신이 어떤 것이기에 대륙의 동쪽 끝에서 그 오랜 세월 동안 고유한 언어를 지키며 역사를 이어왔을까요?

나는 이제부터라도 우리가 이 같은 사실을 궁금해 하면 좋겠습니다. 우리말은 어떤 정신에 뿌리를 두었을까? 우리 한국 사람의 정신은 무엇이라고 말할 수 있을까?

질문을 하면 우리 뇌는 그 순간 깨어나서 부지런히 답을 찾게 돼 있습니다. 정신도 말도 뇌에서 일어나는 작용이니 반드시 답을 얻을 수 있을 것입니다. 우리말 속에 깃든 정신, 우리말 속에서 환하게 빛을 뿜는 탁월한 정신의 정수를 우리가 다시 찾아서 되살린다면 얼마나 좋겠습니까?

갈수록 삶은 힘겹고, 세상은 위태로워지고 있습니다. 하지만 위기란 위대한 기회라는 말이 있지 않습니까? 물질문명의 폐해로 위기가 왔다고는 하지만, 물질과 정신은 본래 하나입니다. 정신에서 물질이 나오고, 물질이 정신을 변화시키면서 서로 원인과 결과를 공유합니다.

　물질의 끝에서 정신을 살리면 상황을 새롭게 전환시킬 수 있습니다. 결핍에서 풍요로, 소외에서 소통으로 돌아설 수 있습니다.

그렇다면 이제 우리가 할 질문은 정신을 살리는 방법이 무엇인가 하는 것이겠지요. 내가 가장 하고 싶은 이야기가 바로 이것입니다.

말을 글로 하자니 괜스레 어려워져서 틈틈이 호연 작가의 그림을 곁들여가며 이야기를 풀어보려 합니다. 그럼 시작하겠습니다.

일지 이승헌

차례

추천사   4

독자 여러분께   8

들어가는 말 • 말 속에 길이 있다   14

하나 얼굴은 왜 얼굴일까?   35
• 만화로 보는 우리말 1   44

둘 어르신, 누구나 다 되는 게 아닙니다   47
어린이 · 어른 · 어르신
• 만화로 보는 우리말 2   56

셋 당신은 나쁜 사람입니까?   59
좋다 · 나쁘다
• 만화로 보는 우리말 3   67

넷 당신은 신입니다   71
반갑습니다 · 고맙습니다
• 만화로 보는 우리말 4   78

다섯 얼을 찾는 기쁨의 노래, 아리랑   81
　• 만화로 보는 우리말 5   88

여섯 하나, 둘, 셋만 알아도 도통하는 우리 숫자말   93
　• 만화로 보는 우리말 6   102

일곱 환한 얼굴이 환한 세상을 엽니다   107
　한 · 한얼 한울 한알
　• 만화로 보는 우리말 7   114

여덟 귀를 부르면 귀가 밝아지는 생명의 언어   121
　• 만화로 보는 우리말 8   132

아홉 노래하며 얼씨구 좋은 세상으로   139

들어가는 말

말 속에 길이 있다

나는 왜 나일까?

나를 왜 '나'라고 할까? 아버지는 왜 '아버지'이고, 어머니는 왜 '어머니'라고 부를까? 어린 시절에 문득 이런 궁금증이 일어 주변의 어른들을 붙잡고 왜 그런지를 물었다. 하지만 어른들은 어린 나를 내려다보며 '별 걸 다 묻네' 하는 표정만 지을 뿐 대꾸해주지 않았다.

  요즘 어른들은 어린아이의 얼토당토않은 질문에도 인내심을 갖고 답하려고 애를 쓰는 편이지만, 그래도 아이에게 이런 질문을 받으면 답할 말을 찾기가 쉽지 않을 것이다. 자신도 이에 대해 아는 바가 없을 뿐 아니라 어떤 책을 찾아봐야 할지 감도 잡히지 않을 테니 말이다. 그래도 아이의 끝없는 질문에 단련이 좀 된 어른이라면 대략 이런 말로 아이의 궁금증을 달래려 하지 않을까? "응, 아주 오래전부터 우리나라 사람들은 이렇게 불러왔어. 그리고 나라마다 아버지, 어머니, 나를 부르는 말이 다 달라요. 그럼 우리는 왜 이렇게 말하게 됐을까 궁금하지? 그런데 그걸 아는 사람을 나도 아직 만나지 못했단다. 네가 나중에 그 비밀을 알게 되면 내게 말해 줄래?"

순간을 모면하기 위한 응수이지만 아이는 어쩌면 이 말을 정말 기억해 둘는지도 모른다.

어린 시절의 내 호기심은 말하자면 언어의 기원에 관한 것이었다. 무려 언어의 기원이라니, 누가 이에 대해 말할 수 있겠는가. 생명에 관한 거의 모든 것이 그렇듯이, 말도 생명 활동의 하나로 탄생한 것이기 때문에 그 기원과 발달사를 분명하게 밝혀내기란 거의 불가능하다. 언어학자와 인류학자들이 최초의 언어를 찾으려는 진화적 접근을 시도하고 있지만, 어떤 탁월한 연구 결과라 할지라도 숙명적으로 가설의 범주를 벗어나기는 어렵다.

인간이 지구상에 출현한 것은 약 5백만 년 전이고, 지금의 우리와 비슷한 현생 인류는 10~20만 년 전에 나타났다고 한다. 현생 인류의 등장과 함께 말의 역사가 시작됐다고 보면 그로부터 문자가 나타나기까지는 다시 수 만 년의 시간이 흘러야 했다. 그 중에 우리가 기록을 통해 알고 있는 문자의 역사는 지금으로부터 5~6천 년 정도에 지나지 않는다.

그런데 문자 생활에 완벽하게 적응해서 사는 우리는 말과 글이 본래 하나였던 것처럼 착각을 한다. 현대의 정보통신기술과 전자기기가 나날이 발달하면서부터는 일상생활에서 오히려 말보다 글을 중심으로 소통하는 비중이 더 높아지고 있기도 하다. 문자, 메신저, 이메일, 페이스북, 트위터 등 문자로 이루어지는 소통에 매우 빠른 속도로 익숙해지고 있는 것이다.

인류 역사상 문자를 가장 활발하게 사용하는 시대가 지금 막 시작되었다. 문자를 다양한 방식으로 많이 사용하는 만큼 그 표현 방식도 무척 자유롭게 변용되고 있다. 빨리 전달하기 위해 문자를 축약해서 쓰거나, 모국어든 외국어든 가리지 않고 이리저리 조합해서 신조어를 만들어내기도 한다. 요즘 어디서나 들을 수 있는 '멘붕' 같은 말이 대표적인 예이다.

'멘탈 붕괴'라는 신조어가 등장하자 이를 '멘붕'이라는 줄임말로 바꿔 사용하기 시작했고, 미디어에 이 말이 뜨자 삽시간에 사람들에게 알려졌다. 정신이 무너진다는 뜻의 이 말을 요즘 어디서나 듣는다. 유행하는 말이어서 그렇기도 하겠지만, 그만큼 세상에 멘붕할 일이 많다는 반증이기도 할 것이다.

문자의 범람, 언어의 혼돈, 정신의 붕괴가 그저 트렌드처럼 다뤄지는 현실을 보면서 나는 다시 언어의 기원에 대해 생각한다. 우리는 여전히 우리가 쓰는 말의 시초를 알지 못하지만, 말 속에 정신의 뿌리가 있고 말이 문화의 근간이라는 점은 잘 알고 있다.

말은 인간의 의식이 분화하는 길을 그대로 뒤따르며 발달해왔다. 말이 정신을 따랐으니 말을 거슬러 올라가면 정신의 뿌리를 만날 수 있지 않겠는가. 또 말의 길을 바짝 뒤따라 일어난 것이 문화이니 문화의 뿌리 역시 말에서 찾을 수 있다.

'나는 왜 나인가'가 궁금했던 어린 시절의 의문은 이렇게 답을 찾아 나갔다. 우리 문화를 되짚고, 우리말을 거슬러 오르며 우리 정신의 뿌리를 만난 것이다. 그 뿌리자리에서 만난 것이 바로 '얼'이다.

얼에서 우리말이 나오고, 우리말을 통해 한국 사람의 사유 체계가 만들어졌으며, 그 정신에서 한국의 문화가 일어났다. 그래서 한국말을 얼의 언어, 한국 문화를 얼의 문화라 한다. 그런데 왜 우리 정신의 뿌리가 얼이란 말인가? 그 이야기를 지금부터 하려고 한다.

얼이 도대체 무엇이기에?

교육이 바를 때 교육에 대해 왈가왈부할 필요가 없고, 정치가 바른 길을 갈 때 정치 얘기를 안주 삼지 않아도 된다. 그러나 우리 삶에 가장 큰 영향을 미치는 교육과 정치가 길을 잃으면 모든 사람이 입을 열어 비판과 염려의 말을 쏟아낸다. 온전한 것, 잘 되고 있는 것에 대해서 우리는 굳이 이야기하지 않는다. 뭔가 잘못되고 있다고 느낄 때 우리는 그것에 대해 말하기 시작한다.

지금 이 시대에 얼 이야기를 꺼내는 이유도 우리 삶의 중심을 이루던 얼이 그 중심에서 사라져버렸기 때문이다. 얼이 빠진 세상이 된 것이다. 그런데 우리는 이를 문제 삼기는커녕 얼의 실종을 알아채는 사람조차 거의 없다. 얼이 얼마나 중요한 것인지 안다면 잃어버린 자식을 찾듯이 만사 젖히고 발을 동동 구르며 얼찾기에 나설 텐데 말이다.

얼을 되찾지 않고서는 얼빠진 세상에서 일어나는 문제를 붙들고 아무리 씨름해도 힘만 소진할 뿐 해결책을 찾을 도리가 나오지 않는다. 교육문제, 정치문제, 경제문제를 풀기 위해 무엇보다 얼부터 챙겨야 하는 것이다. 그런데 이 시대는 이토록 중대한 사실을 까마득히 모르고 있다. 얼빠진 자리가 그래서 무섭다.

고대서부터 이 땅에 펼쳐졌던 위대한 얼의 문화에 대해서 알지 못하는 것은 물론이거니와 얼이 무엇인지, 얼이 왜 중요한지조차 지금의 우리는 다 잊어버렸다. 게다가 한편에서는 학문의 이름으로 얼의 역사를 부인하는가 하면, 그런 역사가 있었다 할지라도 그것은 우리가 아닌 주변 대국의 것이었다며 제 역사를 이웃에 내주는 얼빠진 행태를 보이기도 한다. 이는 학문의 기준에 얽매여 역사를 통찰하는 눈을 잃었기 때문이거나, 사료와 현장을 샅샅이 살피며 연구하지 않은 학문적 게으름의 결과라고 본다.

우리 정신문화를 이룬 뿌리 역사의 가치를 통찰하지 못하는 현실이 참으로 안타깝고 안타깝다. 얼을 찾으면, 얼이 살면 우리가 처한 숱한 문제들을 함께 풀어갈 수 있는 동력이 우리 안에서 힘차게 솟구칠 텐데 그것이 안 되고 있으니 얼마나 애가 타는지 모른다.

그럼 얼이란 도대체 무엇이고, 어떻게 찾을 수 있다는 말인가? 우리말인 '얼'은 한자말인 '정신'과 대개는 같은 뜻으로 쓰인다. 하지만 얼과 정신의 뜻이 완전히 똑같지는 않다. 얼은 정신 중에서도 가장 핵심을 이루는 의식의 본질을 의미한다. 우리가 일반적으로 일컫는 정신은 우리의 생각, 정서, 감정 같은 온갖 종류의 의식을 포괄하는 데 비해, 얼은 그보다 더 본질적인 생명의 뿌리에 잇닿아 있는 의식이다.

물론 얼에 대해서 이렇게 설명한다고 해서 얼의 실체를 알 수 있는 것은 아니다. 이보다 훨씬 더 구체적으로 길고 깊게 설명한다고 해도 마찬가지다. 인간 정신의 실체, 인간성의 시초이자 핵심인 그것에 대해 종교에서는 신이라는 절대자의 구원에 의지해야 한다고 하고, 과학에서는 뇌의 진화과정을 바탕으로 그 기능과 작동원리를 밝히려고 한다.

하지만 어떤 종교나 학문도 정신은 이런 것이다 하고 규명해내지 못하고 있다. 그렇다고 해서 우리가 얼에 대해 아무것도 모르고 있는 것은 아니다. 우리 대부분은 체험을 통해 자기 안에서 일어나는 얼의 작용을 이미 알고 있다. 체율체득한 얼의 작용을 우리는 '양심'이나 '신성神性'으로 표현하기도 한다. 양심이나 신성은 얼에 아주 가까운 의식이다.

얼은 배워서 습득하는 것이 아니라 타고난 감각으로 터득하는 것이므로 누구나 얼에 대해 이미 안다고 할 수 있다. 다만 양심이나 신성의 불이란 스스로 지키지 않으면 언제든 사그라지는 불꽃과 같다. 얼이 밝을 땐 태양처럼 환하지만, 얼이 잠들면 달빛조차 사라진 그믐밤 같은 어둠 속에서 길을 헤매는 처지가 된다.

얼은 내 삶을 지키는 불씨와 같다. 삼대째 불씨를 꺼뜨리지 않은 집안에 시집온 며느리처럼, 사막의 밤을 견디기 위해 불씨를 살려야 하는 나그네처럼 우리는 얼의 불씨가 항시 살아 있도록 소중하게 관리해야 한다.

얼의 불씨를 지펴서 환하고 따뜻한 빛을 발하게 하는 것이야말로 우리 삶의 여정에서 가장 중요한 일이다. 이걸 잊으면 한 발짝 한 발짝 어둠 속으로 걸어 들어가는 운명을 맞게 된다. 어둠 속에 있으면서 아무리 가진 것이 많다 한들 그런 것들은 내면의 어둠을 몰아내는 데 아무런 도움이 되지 않는다. 아니 오히려 내 안의 어둠을 보지 못하게 하는 방해물이 되기 십상이다.

얼이 무엇인지, 왜 중요한지를 이제 느낌으로는 알 수 있을 것이다. 그렇다면 얼을 찾는 방법은 무엇인가? 다행스럽게도 얼을 찾는 방법은 아주 간단하다. 얼을 부르면 된다. 내 안의 어둠 속에서 작은 불씨처럼 가물거리는 얼을 간절한 마음으로 부르고 부르면 그 마음에 감응하여 얼의 불씨가 점차 살아난다. 얼의 불씨가 작을 때도, 활활 크게 살아 있을 때도 얼을 지키려는 노력은 언제나 필요하다. 얼의 상태를 눈으로 확인할 수는 없지만, 얼은 생동하는 기운과 같아서 작아지기도 하고 커지기도 하고, 들어오기도 하고 나가기도 한다. 그러니 부르면 감응하는 것이다.

얼을 부르는 것은 쉽다. 다만 간절하고 또 간절한 마음으로 불러야 한다. 간절함은 어떻게 나오는가? 결국은 이것이 핵심이다. 나 자신을 진지하게 들여다보고, 내 얼의 상태를 뼈아프게 자각하면 얼을 찾겠다는 간절함이 우러나오게 된다. 자연스럽게 이런 일이 일어나는 것 또한 얼이 작용하기 때문이다. 사람은 다른 생물에 비해 유난히 이와 같은 생의 열망을 타고 났으니, 이것이 곧 인간성의 핵심이고 양심이며 신성이다.

얼의 문화를 어디서 찾을 수 있을까?

우리 정신문화의 핵심은 바로 이 얼에서 나왔고, 얼을 중심으로 뿌리를 내리고 줄기를 뻗어 올렸다. 그렇다면 이렇게 형성된 얼의 문화를 무엇으로 입증할 수 있을까? 지금 우리 주변을 둘러보면 얼의 문화라 할 만한 것이 좀체 보이지 않는다. 그렇다면 역사적 기록이나 물증을 통해 확인해야 할 텐데, 우리가 확인할 수 있는 것이 지금 남아 있기는 한가 하는 의문이 들 것이다.

우리 얼의 문화를 확인할 수 있는 대표적인 역사의 물증은 고대국가 '조선'으로 거슬러 올라간다. 환웅천황 시대를 잇는 단군왕검이 '조선'을 개국하면서 만방에 공표한 '홍익인간 이화세계'가 그것이다. 한 나라를 세우면서 그 나라의 최고 지도자가 우리끼리, 우리가 먼저 잘 살자고 한 것이 아니라, 서로 도우며 모두 평화롭게 사는 것을 최고의 가치로 삼아 이를 국민과 이웃 나라에 제안한 것이다.

만민공동체의 이상을 담은 이 슬로건이 한 탁월한 지도자에 의해 역사적 맥락 없이 그냥 나온 것일 리 없다. 이보다 훨씬 이전 시대부터 전해온 선각의 가르침이자 공동체의 문화 풍토 속에서 탄생한 시대정신이었을 것이다.

그리고 이는 지금 우리가 사는 이 시대에도 여전히 유효한 철학이다. 아니 유효한 정도가 아니라, 더욱 절실하다고 해야 할 것이다. 좌우로 나뉘는 이념이나 국가 이기주의를 넘어 무소불위의 자본이 세상을 지배하는 이때에 '홍익인간 이화세계'라는 공생공존의 가치보다 앞세울 주장이 있겠는가!

그런 한편 우리는 홍익인간 이화세계의 정신이 무색하게도 한민족이 남북으로 갈라져 대립한 지 60여 년이 넘도록 이를 해소하지 못하고 있다. 또한 남북 분단 상황에서도 부지런히 경제 성장을 이뤘지만 현재 우리의 현실은 빈부 격차를 키우는 양극화로 치닫는 중이다.

양극화가 이대로 계속되면 실업, 중산층의 몰락, 학교 폭력, 자살률, 사회적 우울증, 노인 빈곤율 등 갖가지 사회 문제들이 더 심각한 상황으로 빠져들게 된다. 게다가 이런 문제를 풀어나갈 새 대통령을 뽑는 과정에서는 국민이 보수와 진보 두 진영으로 나뉘어 서로 대립하는 양상만 두드러져 보였다.

  앞이 보이지 않는 고단한 현실 속에서 기존 이념의 한계를 뛰어넘을 새로운 가치, 진짜 통합을 이끌어낼 참된 가치가 등장하기를 많은 이들이 절실한 마음으로 기다리고 있다. 그런데 우리에게는 이미 그것이 주어져 있다. 다만 우리가 그 가치를 알아보지 못하고, 제대로 활용하지 못할 뿐이다. 그것이 바로 '홍익정신'이다.

  홍익인간 이화세계라는 말을 모르는 사람은 없다. 초등학교 때부터 들어서 누구나 알고 있다. 그런데 그 뜻을 상투적으로 외우기만 한 탓에 정작 참 가치를 알지 못한다. 홍익인간이 무엇인지, 왜 홍익인간을 말했는지 그 뜻과 맥락을 바르게 안다면 그 순간 우리 정신이 확 깨어날 것이다. 재 속에 묻혀 있던 얼의 불씨가 살아서 다시 타오르게 되는 것이다.

  우리는 크나큰 행운을 타고 났다. 홍익인간 이화세계의 유전자가 우리 핏속에 흐르고 있고, 이는 병든 세상을 고칠 수 있는 최고의 백신이다. 우리 자신을 돕고, 인류를 도울 수 있는 운명적인 힘이 우리 안에 잠재해 있는 것이다. 이 같은 홍익인간 이화세계라는 가치가 나올 수 있었던 토양이 바로 고대서부터 한민족이 이루어온 '얼'의 문화이다.

요즘 우리 사회에 '힐링'이 새로운 트렌드로 크게 주목받고 있다. 상처를 치유한다는 의미의 힐링은 홍익인간 이화세계의 맥락 속에 있다. 서로 보살피면서 이치에 따른 삶을 살도록 돕는 것이 홍익인간 이화세계 아닌가.

그런데 '홍익'이라는 말에 걸린다는 사람들이 있다. 왜 그럴까 싶지만, 불행하게도 이는 우리 역사 교육에 그 원인이 있다. 삼국시대 이전의 역사는 바르게 배우지를 못하고, 삼국시대부터는 중국을 비롯한 외래문화의 영향으로 우리 정신문화의 맥이 급격히 흐려져서 면면히 살아있는 뿌리 정신을 찾기가 어렵다.

홍익인간을 그저 오래 전의 낡은 기록 또는 민족주의적인 것으로 여기는 사람이 많은 이유가 이 때문이다. 바르게 배우지 못해서, 가치를 알지 못해서 벌어지는 일이다. 당장 홍익인간으로 안 된다면 얼의 문화를 확인할 수 있는 또 다른 자취를 어디서 찾을 수 있을까?

우리말 속에 숨은 비밀

나는 지난 30년 동안 우리 정신문화의 뿌리를 알리고 얼의 문화를 복원하는 일에 힘을 쏟았다. 얼에 뿌리내린 한민족 고유의 국학을 복원

하고 알리기 위해 '국학원'을 세웠고, 우리 역사를 정신문화사 차원에서 펼쳐 보여줄 '한민족기념관'도 본격적인 건립 단계에 들어가 있다.

국학을 중심으로 정신문화 복원 작업을 해오면서 가장 안타까웠던 점은 국학의 자료가 될 만한 문헌이 거의 다 사라졌다는 것이었다. 워낙 오래 전의 역사이기도 하거니와 삼국시대와 조선시대를 거치면서 겨우 보존된 문헌들마저 일제강점기 때 일본으로 빼돌려지거나 없어져버렸다. 그나마 천신만고 끝에 세상에 나온 옛 기록들은 아직도 위서 시비를 벗어나지 못해 역사 연구 자료로 쓰이지 못하고 있다.

그러나 국학이 무엇인가? 학문이기에 앞서 국학은 정신이다. 정신은 책에만 기록되는 것이 아니다. 살아있는 정신은 우리 일상의 갈피마다 차곡차곡 스며들어 삶의 양식으로 전해지게 되어 있다. 불태워 없앨 수도 없고, 감출 수도, 버릴 수도, 약탈할 수도 없는 국학의 정수가 우리 가장 가까이에 항상 있었는데 우리는 그 사실을 미처 알지 못했다. 우리와 단 한 치도 떨어지지 않고 늘 우리와 함께 숨쉬어온 대한민국의 국학, 그것이 바로 우리말이다.

우리말이야말로 얼의 문화가 낳은 가장 확고한 국학의 유산이다. 역사는 기록되지 않으면 사라지고, 아무리 거대한 기념물도 세월과 함께 스러지지만, 말은 인류가 탄생한 시점부터 지금까지의 흔적을 품어 안고 진화해왔다. 물론 말도 시간과 함께 끊임없이 변화한다. 인간의 역사와 함께 말의 역사도 흥망성쇠를 겪으며 번창하는가 하면 사라지기도 한다.

　그러나 시간을 고스란히 축적하는 말의 본질은 어떠한 경우에도 변함없다는 점이 중요하다. 하나의 말은 최초의 골격을 갖추던 시점의 문화를 그대로 흡수하여 그것을 뼈대로 발전해 가기 때문에 오랜 시간이 흐른 뒤에도 뼈대를 살펴보면 근본을 알 수 있다.

　우리는 지금 한국말을 사용하고 있다. 알고 보면 이는 매우 획기적인 사실이다. 세상에는 6천여 가지가 넘는 언어가 있고, 전 세계 인구의 절반이 그 중 10가지 언어를 사용한다고 한다. 절반의 인류가 대표 언어 몇 가지만 사용하고, 나머지 5천9백9십여 가지의 언어는 소수민족의 언어이거나 이미 쓰이지 않는 사어死語라는 얘기다. 그런 가운데 대한민국은 유라시아 대륙 끝자락에 위치한 작은 나라이고 인구도 많지 않으면서도 고유의 말과 글을 잃지 않고 오랜 세월 동안 지켜왔다.

　침략과 전쟁과 분열이 끊이지 않은 긴긴 역사를 거치는 동안 우리말은 어떻게 사라지지 않고 지금껏 쓰일 수 있었을까? 한국 사람이 한국말을 쓰는 건 너무나 당연한 것 같지만, 지구상에 출현했다가 사라진 언어가 얼마나 많은가를 생각해볼 때 우리가 우리말을 지키고 발전시켜온 것은 매우 대단한 일이다.

　나는 우리말이 이렇게 강한 생명력을 지닌 이유가 바로 위대한 정신의 근원인 얼에서 나온 말이기 때문이라고 생각한다. 우리말은 얼에 뿌리를 내리고 얼의 생명력을 취하며 스스로 얼의 문화를 키웠고, 그 문화의 힘으로 오랜 세월을 관통해 지금에 이르렀다.

우리말의 본질, 우리말에 내재한 힘을 알면 우리는 그 본질과 힘을 활용할 수 있다. 알면 이루고 싶고, 깨우치면 스스로 노력하게 되는 것이 사람 마음 돌아가는 이치 아니던가. 그래서 이를 사람들에게 알려야겠다는 생각에 '우리얼 찾기 서명운동'을 시작했다. 지난해 말, 국학원을 중심으로 전국에서 서명 캠페인이 벌어졌고, 놀랍게도 시작한 지 2주 만에 서명자가 1백만 명을 넘어섰다. 한 사람 한 사람 서명을 받는 과정에서 많은 이들이 물어왔다. 얼이 무엇인지, 얼을 왜 찾아야 한다는 것인지.

이 책은 그 물음에 답하기 위해서, 그리고 서명에 동참하지 못한 더 많은 사람들에게 얼을 알리기 위해서 쓴 것이라고 할 수 있다.

'멘탈헬스'와 '얼'은 무슨 관계인가?

인류 역사상 물질적으로 가장 풍족한 시대에 가장 큰 결핍감과 불안에 짓눌린 세대. 이것이 지금 이 시대를 사는 우리의 정체성이다. 우리나라는 특히 경제협력개발기구(OECD) 국가 중 가장 높은 자살률을 기록하고 있다. 10년 가까이 자살률 1위라는 통계 결과를 받아들고서도 노인과 청소년층의 자살률은 더욱더 가파르게 상승하고 있으니,

이 위태로운 현실을 어떻게 변화시킬 수 있을까?

불안과 두려움 속에서 사람들은 조바심을 내며 길을 찾고 있다. 대통령과 정부, 정당이나 기업이 나서서 그 길을 좀 시원하게 펼쳐 보여주기를 기대하면서. 하지만 그런 기대를 하기에 앞서 먼저 해야 할 것이 있다. 지금 내 삶의 주인이 누구인가를 스스로 묻고 답하는 것이다. 내 삶의 주인이 진정 나 자신인가? 내 욕망을 이용하려는 세상의 다른 힘에 삶을 지배당하고 있지는 않은가?

이를 돌아보는 것이 곧 얼을 되찾는 첫걸음이다. 얼이 빠지면 자기 삶을 다른 것에 내주고도 그걸 알지 못한다. 내 삶의 주인이 되겠다고 마음먹는 순간 얼이 살고, 얼이 살면 삶과 세상을 보는 눈이 밝아진다. 구름이 잔뜩 껴 있다 해도 그 위의 하늘은 언제나 맑듯이, 얼의 눈을 밝게 뜨고 보면 인생의 새 길이 보이고, 세계의 새로운 전망을 찾을 수 있다.

이렇게 밝은 의식, 건강한 정신으로 평화로운 삶, 평화로운 공동체를 실현하려는 노력이 확산되는 것. 이것이 곧 정신문명시대의 시작 아니겠는가! 표현은 이와 다르지만, 세계보건기구(WHO)에서는 2013년부터 2020년까지 '글로벌 멘탈헬스 액션 플랜Global Mental Health Action Plan'을 시행한다고 발표했다. 현대사회에서 멘탈헬스 즉 정신건강의 위험성과 중요성에 대해서는 이미 세계가 모두 공감하고 있으니, 이제부터라도 정신건강을 도모하기 위해 힘을 모으자는 국제적

제안이라 하겠다.

그렇다면 정신건강을 어떻게 지킬 것인가? 세계보건기구에서는 2020년경이 되면 모든 질환 중에서 우울증이 발병률 1위를 차지할 것이라고 예측한다. 우울증이나 중독 같은 증세만 정신건강 영역의 문제가 아니다. 폭력이 어디 손발의 문제인가. 경제도 교육도 마찬가지다. 모든 사회문제는 시스템의 문제이기 이전에 개개인의 정신의 문제이자 그 사회를 지배하는 의식의 문제이다.

인류가 안고 있는 모든 문제는 현재 인류의 정신건강 상태를 고스란히 반영하고 있는 것 아니겠는가. 따라서 정신건강을 증진시키면 복잡하게 얽힌 문제들도 차츰 실마리를 찾아 풀어 나갈 수 있다.

정신건강을 증진시키는 방법. 나는 그것의 핵심이 얼에 있다고 본다. 정신의 중심이 얼이듯이, 멘탈헬스의 핵심도 얼을 찾는 데 있다. 근육을 키운다고 해서 건강해지는 것이 아니듯, 뇌에 좋은 음식을 먹고 운동을 하는 것만으로는 멘탈헬스 향상을 기대하기 어렵다.

멘탈헬스는 '정보'로 접근해야 한다. 우리 뇌는 한마디로 정보처리 기관이기 때문이다. 뇌가 어떤 정보를 어떻게 처리하는가에 따라 멘탈헬스가 좌우된다. 그 사람이 가진 정보가 곧 그 사람이라고 하지 않는가. 우리 뇌에 작용하는 정보 중에서 가장 고급한 정보가 얼이다. 얼은 습관·감정·지식 이전의 정보, 우주와 생명의 법칙에 연결된 궁극의 정보이다. 그래서 이 얼을 살리는 것이야말로 멘탈헬스를 향상시키는 가장 근본적인 방안이라고 할 수 있다.

문제도 해법도 '얼'에 있다

우리 현실에 산적한 수많은 문제들의 해법도 마찬가지다. 우리 교육이 이토록 상처투성이가 된 것은 얼빠진 교육이 계속되고 있기 때문이다. 우리나라 교육법에는 교육의 목적을 '홍익인간 양성'이라고 밝혀놓았다. 현재 교육기본법으로 되어 있는 조항의 전문은 다음과 같다. '교육은 홍익인간의 이념 아래 모든 국민으로 하여금 인격을 도야하고, 자주적 생활능력과 민주시민으로서 필요한 자질을 갖추게 하여 인간다운 삶을 영위하게 하고, 민주국가의 발전과 인류공영의 이상을 실현하는 데 이바지하게 함을 목적으로 한다.'

그런데 요즘 학교가 홍익인간으로 키우는 교육을 하고 있는가? 홍익인간 양성이라는 교육의 목적이 증발한 교육 현장에는 누구를 위한 것인지 모를 경쟁만 남았다. 끝없는 경쟁에 내몰린 아이들은 이유도 모른 채 저희끼리 괴롭히고 괴롭힘을 당하다가 아파트 옥상에서 몸을 날리는 상황이 이어지고 있다.

아이들의 인간성을 파괴하는 결과를 낳은 학교의 교육 시스템 문제는 매우 심각한 수준이다. 이는 범죄와 다를 바 없다. 범죄가 무엇인가? 법을 지키지 않는 것이 범죄 아닌가. 그런데 아무도 이를 심각한 범죄로 보지 않는다. 그러다보니 적극적으로 고치려고 하지도 않는다. 범죄 수준의 학교 교육을 정상화하려면 현재 교육이 얼마나 얼 빠진 교육인지를 먼저 깨닫고, 얼을 살리는 교육으로 빨리 전환해야 한다. 요즘 학교 교육은 아이들의 뇌에 끊임없이 두려움을 학습시킨다. 인간의 뇌를 가장 위축시키는 것이 두려움이다. 두려움을 느끼면 머리가 아무리 좋아도 뇌가 제 기능을 발휘하지 못한다. 자신감과 자존감을 키워주어야 할 교육이 오히려 아이들을 망가뜨리고 있는 것이다.

아기가 말을 배울 때를 생각해보자. '어' 비슷하게만 발음해도 '엄마'라고 했다면서 부모는 기뻐하며 아기를 칭찬한다. 말을 익히는 시기에 아기들은 이렇게 부모가 기쁨 속에 연발하는 칭찬을 들으며 절로 말을 터득해 간다. 초등학교 가기 전에 글을 못 읽는 아이는 있어도 말을 못 하는 아이는 없다. 두려움 때문에 자신감을 잃지 않는다면 아이는 스스로 터득하는 내면의 힘을 따라 성장할 수 있다.

그렇다면 이처럼 과도한 경쟁 때문에 심각한 부작용을 낳는 시험을 학교에서 계속 반복하는 것은 과연 무엇을 위한 것인가? 시험이 아이들을 위한 것이 아님은 분명하니, 그럼 학교와 입시 시스템을 유지하기 위한 것인가?

아이들의 자존감을 지켜주지 않는 교육, 아이들의 뇌를 두려움으로 위축시키는 교육, 사람의 가치를 깨우쳐주지 않는 교육. 나는 이런 교육을 얼빠진 교육이라고 본다. 그러나 교육 문제의 실상을 우리가 이제라도 바르게 파악하면 그것만으로도 희망이 있다. 부모와 학교와 사회가 얼을 살리는 교육으로 전환하겠다고 선택하면 우리 교육도 상처를 치유하고 희망을 되살릴 해법을 찾을 수 있다.

교육뿐 아니라 정치도 얼이 살아 있는 정치, 경제도 얼이 살아 있는 경제를 해법으로 삼으면 된다. 보수냐 진보냐, 자본주의냐 공산주의냐, 종교냐 과학이냐를 따지는 것보다 중요한 것은 모든 사람이 저마다의 가치를 빛낼 수 있는 얼이 그 중심에 있는가 하는 점이다. 얼은 우주 근원의 정보, 생명의 본질적인 정보와 연결돼 있기 때문에 어떤 것이든 서로 소통하게 한다.

따라서 그것이 무엇이든, 얼이 그 중심에 살아 있기만 하다면 그것은 사람들에게 도움을 줄 수 있는 하나의 방편으로서 존중받을 가치가 있다. 그리고 그것과 반대편에 있는 것처럼 보이는 것들은 단지 방법이 좀 다를 뿐임을 인정할 수 있게 된다.

그 아이는 답을 찾았을까

얼이 살아 있는 교육이 홍익교육이고, 얼이 살아 있는 정치가 홍익정치, 얼이 살아 있는 경제가 홍익경제다. 얼을 중심으로 대한민국의 교육, 정치, 경제 체제를 새롭게 만들어간다면 이는 세계의 탁월한 모범

이 될 것이다.

지금 지구상의 모든 나라가 큰 어려움에 처해 있다. 사회 전 분야의 시스템이 한계를 드러내고 있고, 사람들은 이를 삶의 기반이 한순간에 무너질 수도 있다는 불안한 신호로 받아들이고 있다. 이 같은 상황에 대한민국이 새로운 지구경영의 해법을 제시한다면 이는 인류 사회에 크게 공헌하는 일이 될 것이다.

우리 옛 선조들은 우리나라가 미래에 정신문명시대의 중심국이 될 것이라고 당당히 예견했다. 지금 우리의 현실을 돌아보면 이는 도무지 턱없는 말 같지만, 우리나라가 얼의 문화를 되살리고 이를 전 세계에 전한다면 이로써 선조들의 예견이 실현되는 것 아니겠는가.

정신문명시대. 멘탈헬스의 시대. 이는 아직까지 선언적인 말에 지나지 않는다. 이 말들이 펄펄 살아서 우리 시대를 대변하고, 우리 삶을 향상시키는 힘으로 작용하게 하려면 얼찾기부터 시작해야 한다.

오래전, '나는 왜 나인가?'를 물었지만 답을 얻지 못했던 아이는 이후에도 끈질기게 그 물음을 놓지 않았다. 자라면서 아이는 '나는 누구인가?'라는 물음과도 만나게 되었다. 이 또한 답을 찾기 위해 끊임없이 묻고 또 물었다.

아이가 어른이 되고, 마침내 답을 깨닫는 순간이 왔다. 그리고 이 다음에 무엇을 해야 할지도 즉시 깨닫는다. 그것은 자신이 찾은 답을 사람들에게 알리는 일이었다. 우리 정신문화의 가치를 회복하기 위한 나의 오랜 여정은 그렇게 시작되었다.

지금은 환갑이 넘은 나이에 이른 그 아이의 책이 지금 당신 손에 들려 있다. 이렇게 만난 당신에게 팔 벌려 어깨를 안으며 인사를 건네고 싶다.

"반갑습니다! 고맙습니다!"

이 인사말의 참뜻도 곧 책 속에서 만나게 될 것이다.

하나

얼굴은 왜 얼굴일까?

한 외신이 십여 년 전에 우리나라의 유난스러운 성형 열풍을 소개하면서 '대한민국은 성형공화국'이라며 비아냥 담은 기사를 냈다. 당시엔 뭐 그렇게까지야 했는데, 이후 우리나라는 성형 산업과 의료기술 분야가 크게 성장하면서 명실상부한 성형대국이 되었다. 인구 대비 성형률이 세계에서 가장 높고, 한국에서 성형수술을 받기 위해 '성형관광'으로 우리나라를 찾는 외국인들도 해마다 늘고 있다.

외모를 지나치게 중시하는 풍조는 세계 곳곳에서 나타나는 현상인데, 왜 유독 우리나라만 성형 열풍이 부는 걸까? 다른 나라 사람들에 비해 얼굴에 특히 집착할 만한 우리만의 숨은 이유라도 있는 것일까?

얼굴을 중시하는 우리 문화

성형 열풍을 불러일으키는 사회적 요인으로는 외모 지상주의를 부추기는 미디어와 엔터테인먼트 산업, 갈수록 치열해지는 취업 경쟁, 성형 의료 기술의 발달, 자아 존중감의 약화 등을 꼽을 수 있을 것이다.

그런데 이런 요인들 외에 우리나라 사람들이 성형에 적극적인 데에는 오랜 문화 특성에서 비롯한 영향이 상당히 크다고 본다.

우리의 생활 습관이나 정서에는 얼굴을 중시하는 문화 풍토가 깊숙이 배어 있다. 생김새를 꾸미는 데 열중하는 요즘 사회의 외모 지상주의와는 분명히 다르지만, 아이가 태어나면 '얼굴 보고 이름 짓는다' 하고 '나이 마흔이면 얼굴에 책임져야 한다'고 할 만큼 얼굴의 의미를 크게 받아들였다. 또 눈, 코, 입, 귀 등의 얼굴 생김새를 살펴서 그 사람의 명운을 판단하는 관상학도 일상적으로 널리 활용되었다.

관상을 일일이 따져보지 않더라도 우리는 대개 얼굴의 인상만으로도 그 사람의 기질과 됨됨이를 어느 정도 짐작할 수 있다. 그래서 얼굴은 '명예'나 '양심'과 같은 뜻으로 쓰이기도 한다. 실수하거나 부끄러운 일을 저지르면 '얼굴을 못 들겠어' '무슨 얼굴로 보나' 하면서 고개를 떨군다. 이런 표현 속에는 얼굴을 당당하게 들고 다니려면 반듯한 생김새 이전에 바른 양심을 갖춰야 한다는 생활 규범이 녹아 있다.

그런데 자신이 잘못해서 다른 사람에게 피해를 주고도 부끄러운 줄 모르는 사람이 있다면 그 사람의 얼굴은 당장 '낯짝'이 되고 만다. '낯짝이 두껍다', '벼룩도 낯짝이 있다는데' 하면서 주변 사람들이 그 사람의 죽은 양심을 향해 혀를 찬다.

한편 우리 전통 의학서인 《동의보감》은 얼굴의 각 부위가 몸 안의 장기와 상응한다고 보고, 얼굴색으로 병을 알아낼 수 있는 방법을 일러준다. 뱃속의 주요 장기들이 얼굴을 통해 그 상태를 드러낸다고 본 것이다. 얼굴을 보면 몸의 건강 상태뿐 아니라 그 사람의 성품이나 기질 같은 정신적인 면도 어느 정도 파악할 수 있다. 실로 얼굴은 우리 육체와 정신이 만나는 접점인 것이다.

얼굴이란 얼이 드나드는 굴

그런데 얼굴을 왜 얼굴이라고 부르게 됐을까? 얼굴은 '얼'과 '굴'로 이뤄진 순우리말이다. 얼은 흔히 정신과 같은 뜻으로 쓰이는데, 정신의 골격 또는 정신의 핵에 해당하는 것이 얼이다. 굴은 구멍 또는 골짜기를 뜻한다. 굴은 골과 쓰임새가 거의 같아서 옛말에서 '얼굴'은 '얼골'로 쓰이기도 했다. 따라서 얼굴이란 얼이 깃든 골 또는 얼이 드나드는 굴이란 뜻이 된다.

눈, 코, 입, 귀 등이 자리한 부분을 '얼굴'이라는 말로 아우른 옛분들의 지혜가 참으로 경탄스럽다. 한자말 '안면顔面'이나 영어 '페이스face'에 비하면 우리말 '얼굴'은 보이지 않는 세계에 대한 통찰까지 담고 있지 않은가.

얼이라는 말은 그 본래의 뜻을 바탕으로 여러 어휘로 파생되어 두루 쓰인다. 흔히 쓰는 말들부터 하나씩 살펴보자.

'얼간이'는 말 그대로 얼이 간 사람이라는 뜻이다. 얼은 나가기도 하고 들어오기도 한다. 들락날락 하는 얼의 속성 때문에 누구든 얼간이가 됐다가도 다시 얼찬이로 돌아올 수 있다. 얼간이가 되는 건 한순간이다. 감정에 빠지고 욕망에 휘둘리는 순간 얼은 휘릭 빠져나간다. 감정과 욕망을 자극하는 잘못된 정보가 얼을 밀어내는 것이다. 얼은 정신의 핵이기 때문에 얼이 사라지면 곧바로 감정과 욕망의 노예로 떨어지고 만다. 스스로 노예에서 벗어나는 길은 다시 얼을 찾는 것이다. 얼을 찾는다는 것은 삶의 주인자리를 되찾는 일이다.

'어리석다'는 것은 얼이 익지 않아 어설픈 상태 또는 얼이 썩었다는 의미로 볼 수 있다. 상한 음식처럼 얼이 변질된 것이다. 얼이 생동하는 사람은 삶의 목적이 분명하다. 다른 사람에게, 또 세상에 도움이 되는 사람으로 사는 것이다. 이는 얼의 작용이기 때문에 얼이 살아있는 사람이라면 삶의 목적이 한결같을 수밖에 없다.

그런데 어리석은 사람은 '지금 여기'가 아닌 죽은 다음의 일에 관심을 쏟는다. 죽어서 좋은 데 가기를 소원하면서, 살아서는 스스로 삶의 주인이기를 포기해버린다. 어리석은 사람에게 돈이 생기고 권력이 주어지면 더욱 불행한 사태가 벌어진다. 돈 때문에 패가망신하거나 권력을 등에 업고 사리사욕을 채우려 드는 사람들을 날마다 뉴스에서 접하지 않는가. 어리석은 사람에게 돈과 권력은 재앙이나 다름없다.

돈이 얼마만큼 있는 것이 가장 행복한지 미국 하버드대의 한 연구팀이 조사해봤다고 한다. 결과는, 궁핍하지 않게 생활하면서 아껴 쓰면 가족 여행도 일 년에 한두 번 다녀올 수 있는 정도의 수입이 행복을 누리는 데 가장 적정한 수준으로 나타났다. 수입이 이보다 많아지면 그에 따라 올라가는 것은 행복도가 아니라 이혼율이었다. 돈과 권력이 지배하는 세상에서 무작정 성공하려고 애쓰는 것이 자기 자신에게 얼마나 불행한 일인지를 어리석은 상태에서는 알 수가 없다. 고통을 치른 후에야 이를 깨닫는다면 그때가 바로 상처에 새살이 돋듯 얼이 되살아나는 순간이다.

'어리둥절하다'와 '얼떨떨하다'는 얼이 흔들려 정신이 없는 상태를 나타낸 말이다. '얼렁뚱땅'은 어감이 참 재미있다. 이는 얼김(정신이 얼떨떨한 상태)에 상황을 대충 넘기는 것을 뜻한다. '어리버리하다'는 말은 정신이 산만하여 일을 제대로 처리하지 못하는 상태, '얼치기'나 '얼뜨기'는 얼이 좀 나가서 부족한 상태를 일컫는다. 매운 음식을 먹을 때나 술을 마실 때 흔히 '얼큰하다'고 하는데, 이는 매운 맛이나 취기 탓에 정신이 얼얼한 상태를 뜻한다. 마치 얼이 크게 생동하는 느낌이어서 이렇게 표현했을 수도 있다.

'얼싸안다'는 말은 듣기만 해도 두 눈이 스르륵 감기면서 가슴이 따뜻해지는 느낌이 든다. 얼싸안는 것은 두 팔을 벌려 서로 껴안는 모양새를 일컫는다. 그런데 이는 그냥 몸뚱이만 안는 것이 아니라 상대방의 마음까지 진심으로 감싸 안는 것이다. 그렇게 해야 얼싸안는다고 할 수 있다. 얼싸안으면 눈시울이 뜨거워지곤 한다. 얼싸안긴 사람은 자신이 온전히 받아들여진다는 안도감에, 얼싸안은 사람은 상대방을 존중함으로써 따뜻하게 차오르는 기쁨에 그런 것일 게다.

이처럼 우리말에는 '얼'에서 비롯한 표현들이 무척 많다. 어처구니가 없을 때 요즘 흔히 쓰는 '헐'이라는 말도 얼과 관련된 어휘로 새롭게 올려야 할지 모른다. '헐'이라는 글자를 풀면 '虛(빌 허) + 얼'이라 할 수 있으니, 이는 흥미롭게도 얼이 나간 상태를 정확하게 표현하고 있다. 물론 재미삼아 풀어본 것이지만 말이다.

얼굴의 9개 구멍은 에너지와 정보가 드나드는 통로

얼굴은 얼과 굴이 만난 말이라고 했는데, 얼굴에 있는 굴은 모두 몇 개일까? 보통은 눈, 코, 입, 귀를 합해서 7개로 치는데, 머리에 있는 큰 기혈인 대천문과 소천문을 더해 9개라고 봐도 좋다. 이 구멍들은 그야말로 얼이 드나드는 굴이다. 얼이라는 말로 대표되는 광범위한 정보가 눈, 코, 입, 귀와 기혈을 통해 들어오고 나가면서 우리 몸과 마음의 온갖 작용들을 일으킨다. 얼굴에 있는 감각기관들을 통해 외부로부터 들어온 정보 자극이 뇌에 전달되면 뇌가 이에 반응하여 정보처리를 하는 것이다.

우리가 움직이고 판단하고 기억하는 모든 행위가 뇌에서 일어나는 정보처리의 결과이고, 이것이 쌓여 우리의 정신과 습관을 형성하게 된다. 그러니 물리적 현상으로만 따져도 얼굴의 구멍은 정보의 통로, 얼이 드나드는 곳이라고 할 수 있다.

얼굴에 있는 구멍의 개수에 대천문과 소천문을 포함시키는 이유는 그곳도 아주 중요한 정보의 통로이기 때문이다. 대천문과 소천문은 기氣가 드나드는 길이다. 사람은 태어날 때 두개골이 덜 닫힌 상태로 나온다. 유아의 두개골 정수리 부분에 아직 닫히지 않은 두 부분을 각각 대천문, 소천문이라 하는데 이는 돌 될 무렵에 마저 닫힌다.

그러나 대천문과 소천문은 그 이후에도 인체의 기혈 순환에 관여하는 중요한 혈자리로 기능한다. 정수리 부분의 백회가 대천문, 백회 앞쪽의 전정혈이 소천문이다. 눈, 코, 입, 귀 같은 감각기관으로 들어오는 정보뿐 아니라 혈자리로 들어오는 기의 정보도 우리 몸과 의식에 깊은 영향을 미친다.

'얼'을 챙겨야 '굴'도 더욱 빛이 난다

외모지상주의가 어떤 이데올로기보다 강하게 사람들을 사로잡는 세상이다 보니, 요즘 이 '굴'을 고치겠다는 이들이 아주 많다. 눈, 코, 입의 모양을 좀 바꿔서 더 보기 좋은 얼굴을 만들 수 있다면 그도 무작정 말리기만 할 일은 아니다. 관상이 운명을 담고 있는 것이라면, 성형으로 운명적인 길운을 바꿀 수도 있지 않겠나.

다만 본질을 잊으면 그때부터는 문제가 된다. 본질은 사라지고 형식만 남았음에도 사람들은 그 헛되고 허망한 일에 믿을 수 없을 만큼 사로잡히곤 한다. 결혼과 결혼식, 교육과 학교의 관계에서 벌어지는 일들만 보아도 알 수 있다. 본질과 형식의 간극이 그토록 큼에도 사람들은 그 틀에서 쉬 벗어나려 하지 않는다. 성형도 그와 같은 현상 가운데 하나이다. '얼'은 잊은 채 '굴'에만 온통 관심이 쏠려 있다. 그러나 '얼'을 챙겨야 '굴'도 더욱 빛이 난다. 성형수술을 한다고 해서 누구나 잘 생긴 얼굴이 될 수는 없지만, 얼을 살리면 생김새와 상관없이 누구나 환한 얼굴이 될 수 있다.

운명을 좌우하는 결정적인 힘은 관상이 아니라 얼에서 나온다. 얼이 살아 있는 사람은 스스로 자기 운명의 주인으로서 당당하게 삶을 이끌어 간다. 그러나 아무리 외모가 뛰어나고 재능이 있어도 얼이 살아 있지 않으면 조화롭고 행복한 삶을 꾸릴 수가 없다. 과연 그런가 하는 의문이 든다면 자신의 주변을 찬찬히 살펴보라. 얼마나 많은 사람이 행복을 원하면서도 거꾸로 행복에서 멀어지는 선택을 하고 있는지 바로 알 수 있을 것이다.

우리나라 사람은 운명적으로 '얼굴'을 갖게 되었다. 얼의 세계로 눈을 돌릴 수밖에 없는 운명이니, 제대로 얼을 찾는다면 이 운명 속에 숨겨진 행운을 잡는 주인공이 될 수 있다.

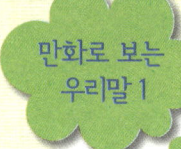

만화로 보는
우리말 1

얼굴은 얼이 드나드는 굴이란 뜻이다. 요즘 이 '굴'을 고치겠다는 이들이 아주 많다. 눈, 코, 입의 모양을 바꿔서 더 보기 좋은 얼굴을 만들 수 있다면 그도 무작정 말릴 일만은 아니다. 관상이 운명을 담고 있다면, 성형으로 운명적인 길운을 바꿀 수도 있지 않겠나. 그러나 '얼'을 챙겨야 '굴'도 더욱 빛이 난다. 성형수술을 한다고 해서 누구나 잘 생긴 얼굴이 될 수는 없지만, 얼을 살리면 생김새와 상관없이 누구나 환한 얼굴이 될 수 있다. 운명을 좌우하는 결정적인 힘은 관상이 아니라 얼에서 나온다.

둘

어르신, 누구나
되는 게 아닙니다

어린이, 어른, 어르신은 사람이 태어나서 성장하고 점차 나이 들어감에 따라 그 시기별로 세대를 지칭하는 우리말이다. 이 말들의 공통점은? 그렇다. 모두 '얼'에서 비롯한 말이라는 점이다. '어린이'는 얼이 차츰 어리어 가는 사람 또는 얼이 아직 여린 사람. '어른'은 얼이 익은 사람. '어르신'은 얼이 완숙하여 얼이 신과 같은 사람이라는 뜻으로 풀 수 있다.

아기를 일컫는 '얼라'라는 말도 포함시킬 수 있겠다. 얼라는 사투리로 분류돼 있지만, 사투리란 현재 서울 기준의 표준말이 아니라는 의미일 뿐, 오히려 사투리가 우리말의 원형을 더 잘 보존하고 있는 경우가 많다.

어린이, 어른, 어르신의 변화는 얼이 알차게 영그는 과정

얼의 성장을 기준으로 사람의 일생을 시기별로 나눠 부른 우리 옛분들의 지혜가 놀랍다. 사람이란 나이 들어 그냥 늙은이가 되는 것이 아니라, 죽는 순간까지 계속 성장하는 존재라는 가르침도 담고 있다.

얼마 전 서울시는 '노인'이라는 호칭을 '어르신'으로 바꿔 사용하겠다고 발표했다. 노인복지과를 어르신복지과로 변경하는 식으로 모든 공문서와 공식 행사 등에서 '노인'보다는 공경의 의미가 담긴 '어르신'을 쓰겠다는 것이다. 이 같은 조치는 노인에 대한 우리 사회의 인식을 개선하기 위한 것이라고 덧붙여 설명했다. 그런데 이에 대해 한 방송에서 '노인을 대체할 단어로 겨우 어르신을 선택한 것이냐'라는 평이 나왔다고 한다. 아마도 어르신이라는 말에 담긴 본 뜻을 알지 못하는 사람들 대부분이 그처럼 반응했을지도 모른다.

어르신이라는 말 자체에 지혜를 갖추어 존경받을 만한 사람이라는 뜻이 담겨 있다. 어른이라는 말 역시 그 자격과 책임이 이미 말 속에 들어 있다. 어린이가 자라서 어른이 된다는 것은 열매가 영글듯 얼이 알차게 익는 과정이다. 그러니 어른이란 나무에 열린 실한 열매처럼 그 사회에서 결실을 맺을 자격과 책임을 맡은 사람이다. 이것이 어른의 기준이다. 만 19세가 지났다고 누구나 어른이 되는 것이 아니고, 환갑이 지나 백발이 되었다고 누구나 어르신으로 불릴 수 있는 것도 아니다. 말 자체에 담긴 얼의 기준을 충족해야 어른으로서 책임을 다하고, 어르신으로서 공경받는 자리에 설 수 있다.

인생은 학생 때의 성적으로 결정 나지 않는다. 30대의 연봉으로 결정 나거나 50대의 지위로 결정 나는 것도 아니다. 죽음에 가까워진 노년의 삶이 어떠한가가 그 사람의 삶을 결정한다.

떠오르는 태양만 아름다운 것이 아니다. 저녁 무렵 하늘을 서서히 물들이면서 저무는 태양도 더없이 아름답다. 인생도 그렇다. 아름다운 말년에 이르는 것이 진정한 삶의 길이다. 이것이 어르신의 삶이고, 명품 인생이다.

인생의 끝은 죽음이다. 이는 단 한 사람의 예외도 없이 누구에게나 공평한 운명이다. 그러나 모든 죽음이 다 같지는 않다. 우리 문화에서 죽음을 표현하는 말들은 상황에 따라 다르게 쓰였다. 먼저 한자말에서는 죽은 사람의 신분에 따라 임금은 붕어崩御, 제후는 훙薨, 양반은 졸卒, 평민은 사死했다 한다.

한자말이 사람의 신분을 기준으로 삼은 것과는 달리, 우리말에서 죽음을 표현하는 말들은 그 사람이 어떻게 살다간 사람인지를 따진다. 사람 노릇을 제대로 하지 못한 사람에게는 '뒈졌다'고 하고, 어떻게 산 사람인지 알지 못하면 그냥 '죽었다'고 하고, 도리에 따라 산 사람에게는 '돌아가셨다'고 한다. '뒈졌다'는 말은 어감이 좀 거칠지만 결국 '되어졌다'는 뜻이니 '돌아갔다'는 말과 크게 다르지 않다.

그런데 여기에 죽음을 뜻하는 말이 하나 더 있다. 죽어서 하늘이 된다는 의미의 천화仸化이다. 천화는 삶의 여정을 완성하고 맞이하는 가장 온전한 형태의 죽음이다. 얼을 완성한 어르신의 죽음을 '천화했다'고 한다. 어르신이 되어 천화하는 것이 곧 인간완성의 길이다.

개인도 사회도 얼을 깨우치면 명품, 아니면 짝통

어린이, 어른, 어르신이라는 말만으로도 사람이 어떻게 살아야 하고 어떻게 죽어야 하는지를 모두 이야기할 수 있다. 우리말에 깃든 이 같은 정신문화를 아이들에게 어려서부터 가르쳐주면 좋지 않겠나. 어른이 된다는 것이 어떤 것인지, 어떻게 나이 들어야 하는지를 자라나는 세대에게 가르치는 것이 교육의 기본이 돼야 한다. 이런 것을 알 때, 아이들은 사람의 참가치를 깨닫고 삶의 목적을 이해할 수 있게 된다. 그리고 그 가치를 지키는 삶을 스스로 설계할 수 있게 된다.

요즘 사람들은 명품을 많이 찾는데, 우리가 정말 소망해야 할 것은 명품 제품이 아니라 명품 인생이다. 명품인가 아닌가를 결정하는 것이 얼이다. 얼을 찾으면 명품 인생이고, 얼을 잊은 채 이기심과 욕망을 좇으면 짝통 인생이 되고 만다.

얼이 빠지면 전부 짝통이 될 수밖에 없다. 아이들을 경쟁 속에 집어넣고 점수만 매기는 교육은 짝통교육, 기복에 빠져서 돈과 권력을 위해 기도하는 종교는 짝통종교이다. 교육 잘못 받고 종교 잘못 만나면 명품인생이 되기 어렵다.

정치, 스포츠, 예술, 의학 같은 것도 명품인지 짝통인지 가려봐야 한다. 사람 위에 있는 종교, 사람 위에 있는 정치, 사람 위에 있는 경제, 사람 위에 있는 스포츠, 사람 위에 있는 의학. 이런 것이 짝통이다. 불행하게도 지금까지 우리 사회에서는 이런 짝퉁이 거침없이 통했다. 그러다보니 짝퉁들이 세상의 눈을 두려워하지 않고 더욱 득세했고, 그런 가운데 진품은 점점 더 설 자리를 잃어갔다.

 얼의 눈으로 보면 참과 거짓을 가릴 수 있다. 얼은 밝은 의식이고 깨달음이다. 그런데 밝은 의식이나 깨달음의 상태란 어떤 것인가? 그런 의식은 어떤 방식으로 드러나는가? 이에 대한 아주 실용적인 차원의 답이 '홍익'이다. 그 같은 의식에서 나오는 삶의 방식이란 홀로 하늘을 나는 것 같은 특출한 것이 아니라 서로가 서로를 진정으로 돕는 것이다. 이기적인 욕심에 따라 서로 이익을 나누는 것을 홍익한다고 하지는 않는다. 적선이나 기부도 필요하지만 진정한 도움은 서로의 존재를 가치 있게 한다. 가치를 실현하도록 돕는 것이 바로 홍익이다.

 얼을 깨우쳐서 홍익하는 삶을 살아야 비로소 어른이고, 어른으로서 장년기를 사회에 공헌하면서 잘 보내고 노년에 이르면 어르신이 되는 우리말의 호칭 체계는 이처럼 탁월한 인식을 바탕으로 하고 있다. 어른과 어르신의 참 의미를 안다면 곧 초고령화 사회에 진입하는 우리 사회의 현실을 새로운 시각으로 볼 수도 있을 것이다. 교육은 어린이가 어른이 되는 교육, 얼을 살리는 교육이 되게 하고, 사회의 여러 분야에서 어른과 어르신의 역할이 살아난다면 우리 사회가 공동체로서 더 튼튼한 토대를 갖출 수 있다. 그렇게 되면 고령 인구 부양 문제를 고민하는 사회에서 어르신이 많은 지혜로운 공동체, 세대 단절 없이 협력하고 존중하는 홍익공동체가 될 수 있다.

얼은 가치 창조의 의지이자 창의력의 원천

최근 우리 사회와 기업이 필요로 하는 인재상을 이야기할 때 어디서나 첫손에 꼽는 요건이 창의력이다. 그런데 창의적인 인재에 목말라 하면서도 창의력을 키우는 환경을 만들려는 우리 사회의 노력은 크게 부족해 보인다. 얼에 대해 말하다가 창의력 얘기를 꺼내는 이유는 얼이 창의력의 가장 중요한 조건이자 환경이기 때문이다. 사람에게는 누구나 창조하려는 욕구가 있다. 창조의 본성을 '신성'이라고 하기도 한다. 인간이 신의 속성을 지니고 있기 때문에 신을 상상하고, 신성한 것에 귀의하려는 소망을 품는 것 아니겠는가.

인간의 신성을 이해하면 얼에 대해서도 즉시 알 수 있다. 얼은 그 자체가 가치 있는 것을 창조하려는 의지이고 창의력의 원천이다. 얼이 살아 있으면 가치를 추구하게 되고, 가치를 실현하는 과정은 곧 창조의 여정이기도 하다. 그러니 '어리석은' 상태, '얼빠진' 상태로는 창조를 할 수가 없다. 가치를 추구하는 마음이 저 멀리 밀려나 있기 때문이다. 창조의 본성을 오랫동안 외면하면 사람은 우울해지게 돼 있다. 자기 파괴적인 우울증으로 빠지지 않는 경우에는 반대로 외부를 향해 파괴적인 행위를 하기도 한다. 사람은 복잡한 존재인 듯하면서도 에너지적으로 보면 이렇듯 단순하다. 창조하거나 파괴하거나.

청년들이여, 얼에서 나온 자아를 믿고 가라!

요즘 청년들에 대한 담론이 무척 많다. 이 시대의 혹독한 현실에 갇혀 길을 찾는 청년들에게 사회 여러 분야의 인사들이 나서서 멘토로서 길을 안내하려는 노력도 많이 기울이고 있다. 이들 멘토들이 건네는 해법의 공통점은 '세상이 요구하는 기준에 자신의 삶을 맞추지 말고 자기 자신의 삶을 살라'는 것인 듯하다. 이는 창조적인 삶을 살라는 말과 다르지 않다고 본다. 그러면 어떻게 해야 그럴 수 있을까?

물론 이 청년들에게 '얼부터 찾아야 한다'고 말해주고 싶다. 하지만 그렇게 말하면 대부분 고개를 갸우뚱할 것이다. '무엇보다 자기 안의 얼을 찾아라. 그것이 진짜 인재가 되는 길이고, 자기 자신의 삶을 사는 길이다'라는 말뜻을 단박에 이해하기는 어려울 테니 말이다. 하지만 그렇게만 된다면 우리에게는 희망이 있다.

청년들에게 자기 자신의 삶을 산다는 것은 막막하면서도 두려운 선택이다. 그것이 어떤 것인지, 어떻게 해야 그럴 수 있는지, 그런 삶의 목표는 진정 무엇인지 모르기 때문이다. 미처 모르는 채로 걸음을 내딛는 것이 본래 청년의 길이다. 발앞에 무엇이 놓였는지 알고 싶은 마음이야 당연하겠지만, 그것은 청년뿐 아니라 누구에게도 허락되지 않은 일이다. 알지 못하는 채로 한 걸음 한 걸음 내딛다보면 자신이 누구인지 깨닫는 순간을 만나고, 자기 자신을 믿는 감각도 커지게 된다. 내가 나 자신을 믿고 가는 길이 곧 나의 길이다.

그런데 내가 믿는 나란 어떤 나인가? 감정에 쉬 물드는 내가 아니라 감정을 바라보는 나, 욕망에 들뜨는 내가 아니라 욕망의 뿌리를 관찰하는 나 아니겠는가. 그것이 바로 얼에서 나온 자아이다.

'나의 얼' 또는 '얼의 나'를 믿고 가다보면 청년이 어른이 되고, 어느덧 어르신에 이르게 된다. 어르신이 되어 자신의 길 끝에 다다르면 다시 나의 근본자리, 얼을 낳은 근원의 자리로 돌아가는 것. 이것이 사람의 길이다. 그리고 삶에서 만약 성공과 실패가 있다면 이것이 가장 성공적인 삶이다.

어린이가 어른이 되고 어르신이 되는 깨달음의 과정이 우리 삶의 실체라는 것. 이것을 꼭 알아야 한다. 이를 모르면 자신의 삶을 산다는 것은 아무리 나이를 먹어도 언제까지나 두렵고 막막한 일이다.

얼을 안다는 것은 생명의 근원을 아는 것이고, 얼을 깨친다는 것은 삶의 목적을 깨우치는 것이다. 얼을 찾으면 어떻게 살아야 할지 알게 되고, 얼의 이치에 따라 자아를 실현하는 길을 가게 된다. 그래서 얼을 깨친 삶에는 행과 불행, 성공과 실패가 따로 없다. 태양과 달이 번갈아 뜨고 지듯이 어둠 속에서도 빛을 잃지 않고, 밝은 가운데서도 어둠을 보는 지혜의 눈을 뜨기 때문이다.

> 만화로 보는
> 우리말 2

그렇게 얼을 모르고 산 얼치기는 '늙은이'가,
얼을 키우며 산 얼찬이는 '어르신'이 되었다고 합니다.

나이만 먹지 마세요, 얼에게 양보하세요.
당신의 하나뿐인 소중한 인생을!

우리말은 얼의 성장을 기준으로 사람의 일생을 시기별로 나누어 부른다. '어린이'는 얼이 차츰 어리어 가는 사람, '어른'은 얼이 익은 사람. '어르신'은 얼이 완숙하여 얼이 신과 같은 사람이다. 어르신이라는 말 자체에 지혜를 갖추어 존경받을 만한 사람이라는 뜻이 담겨 있다. 어른이라는 말 역시 그 자격과 책임이 이미 말 속에 들어 있다.

어린이가 자라서 어른이 된다는 것은 열매가 영글듯 얼이 알차게 익는 과정이다. 어린이, 어른, 어르신이라는 말만으로도 사람이 어떻게 살고 죽어야 하는지 알 수 있는 우리말의 놀라운 지혜.

셋

당신은
나쁜 사람입니까?

아주 신명나게 기분이 좋을 때 우리나라 사람들은 '얼씨구 좋다' 하면서 함박웃음을 터뜨린다. 좋아도 그냥 좋은 게 아니라 얼씨구 좋다니, 그 뜻이 어떤 것이기에 옛분들은 이렇게 흥을 냈을까. 짐작컨대 '얼의 씨가 있으니 좋다' 또는 '얼이 살아나니 좋다'라는 의미를 담은 말이 아닐까 한다. 얼을 찾고 얼을 살리는 것만큼 좋은 일이 어디 있겠는가.

'나뿐'이어서 존중과 배려가 없는 것이 '나쁜' 것

'좋다'는 말에는 조화롭다는 의미가 담겨 있다. 서로 어긋나지 않고 잘 어우러지는 것, 어울리는 것이 좋은 것이라는 뜻일 게다. 그럼 '나쁘다'는 무엇이겠는가. 좋지 않은 것을 나쁘다 하지 않았겠나. 어우러지지 않고, 어긋나고, 어울리지 않는 것. 이것이 나쁜 것이다.

나쁘다는 말은 '나뿐'인 상태와 연결해 생각해볼 수 있다. 자기 입장, 자신의 이익만 생각하는 이기적인 행동은 나쁜 것이니까. 만약 누군가에게 '당신은 나쁜 사람이다'라고 한다면 몹시 불쾌해 하면서 '내가 왜 나빠?'라고 반문할 것이다. 사람들이 일반적으로 생각하는 나쁜 짓은 뉴스에 나올 만한 악행이나 비난받아 마땅한 잘못을 저지른 경우이다. 그러니 자신이 나쁜 사람이라는 평을 듣는 것은 부당하다고 여기는 것이다. 이기심 속에서 오로지 자기 생각에 빠져 살고 있으면서도 말이다.

 남의 것을 빼앗고, 고의로 다른 사람에게 고통을 주고, 거짓말로 사기를 치는 사람들은 왜 그렇게 행동할까? 자기 생각만 하기 때문이다. 이 물건을 훔치면 저 사람이 얼마나 고통받을까, 내가 거짓말을 하면 이 사람이 얼마나 피해를 입을까 하는 생각은 하지 않는 것이다.

 나뿐이어서 주변과 조화롭지 않은 것, 다른 사람을 배려하거나 존중하지 않고 자신의 이기심에 치우치는 것, 다른 생명과 지구 환경을 살피지 않고 자신의 편리와 이익만 앞세우는 것 등 조화로운 공존의 가치를 깨뜨리는 행위는 분명히 나쁜 것이다.

 이렇게 보면 세상에는 나쁜 사람이 너무 많다. 그런데 사람들은 자기가 나쁘다고는 생각하지 않는다. 자기가 나쁜 사람인 걸 모르니 바꾸려고 노력할 리도 없다. 나쁘다는 말의 뜻을 알고 나면 비로소 자신의 이기심과 무지가 보일 것이다.

 나쁜 상태를 돌이키는 방법은 간단하다. 나쁘구나 생각되면 좋은 쪽을 선택하면 된다. 좋다는 것은 자기도 좋고 다른 사람에게도 좋은 것이다. 만약 자기에게만 좋은 것이라면 사실은 나쁜 것일 가능성이 많다. 나도 좋고 남도 좋은 것, 그것이 '얼씨구 좋은' 것이다.

좋다와 나쁘다는 말 자체가 무엇이 좋은 것이고 무엇이 나쁜 것인지를 가르는 기준을 보여준다. 좋다거나 나쁘다는 표현은 판단력이 덜 여문 아이들이 기분에 따라 내뱉는 말로 여기고 어른이 되어서는 그다지 많이 쓰지 않았다. 그런데 그 말뜻을 깨우친 이후부터는 이 말들을 사용할 때마다 뜻을 한 번씩 되새기게 된다. 지금 나는 이 말들을 예전보다 훨씬 많이 사용한다. 이 단순한 두 단어가 어떤 상황에서든 부족함 없이 명쾌한 판단과 통찰을 가능하게 해주기 때문이다. 예를 들어 좋다 나쁘다의 기준으로 우리 사회를 한번 둘러보자. 우리나라의 교육은 좋은 교육인가, 나쁜 교육인가? 우리나라의 정치는? 종교는?

아이들을 끝없는 경쟁 속으로 몰아붙이는 교육, 사람들의 이기적인 욕망을 이용하는 정치, 자기만 옳다고 주장하는 종교. 이들을 어느 쪽으로 분류해야 할지는 명백하지 않은가!

나쁜 것이 나쁘다는 것을 알고, 좋은 것이 좋은 것임을 알면 그것이 깨달은 것이다. 그 이상의 깨달음이 없다. 그 이상의 도덕 교육도 없다.

태양처럼 밝아서 '나', 울타리 치고 닫으면 '남'

'얼'을 설명할 때 이야기했듯, 사람은 누구나 태양처럼 밝은 본성을 지니고 있다. 우리 민족의 고대 경전인 천부경에서 '본심본태양앙명인중천지일 本心本太陽昻明人中天地一'이라 한 이것이 인간의 실체이고 생명의 실상이다. 그래서 인류의 고대 문명을 살펴보면 거의 모든 문화권에서 태양 숭배 의식이 나타난다.

우리말을 비롯해 고대어에서 태양을 뜻한 소리는 '라'였다. 고대 이집트인들이 숭배한 태양신의 이름이 '라'이고, 신의 땅이라 불리는 티베트의 '라싸', 주민의 대부분이 '라마'교도인 인도의 '라다크', 중국 운남성의 '라히(나시)'족 등에서 '라'의 흔적을 볼 수 있다. 여기서 '라'는 모두 '높다'는 뜻으로 쓰였다.

우리말 중에서 '라'의 용례로 가장 먼저 꼽을 어휘는 '나'이다. 자기 자신을 일컫는 '나'는 '라'에서 비롯했다. 이는 우리말의 정신을 가장 명백하게 보여주는 예다. 인간의 말이 분화하던 그 아득한 시절에 자기 자신을 태양처럼 밝은 존재라고 스스로 지칭한 것이다. 우리말에서는 신성함의 상징인 태양을 신으로 대상화하지 않고 자기 자신과 일체화했다. 바로 말 속에 천지인 사상의 핵심을 구현해 놓은 것이다.

수많은 '나'가 모여 사는 땅을 '나라'라 했고, 아리랑의 '라'(랑의 이응은 발음을 부드럽게 이어주는 기능)도 태양처럼 밝은 님을 그린다는 의미로 쓰였다.

이렇게 태양처럼 밝은 나일지라도 내가 주변에 울타리를 치고 스스로 닫아버리면 그 순간 주변 사람은 모두 '남'이 되고 만다. '남'이라는 글자는 '나'를 'ㅁ'로 에워싼 모양이다. 나를 열어놓으면 모든 것들과 연결된 네트워크 속에서 소통이 일어나지만, 이기적인 나에 갇히면 네트워크가 단절되어 남남이 되어버리는 이치를 마치 상형문자처럼 분명하게 보여준다.

모두가 하나로 연결되어 있음을 잊고 에고의 울타리에 스스로 갇히는 사람이 얼마나 많은가. 상대방을 남으로 만들며 외롭게 고립된 모습이 글자에 그대로 비춰 보인다. 현대 사회를 사는 사람들의 단절감과 소외감이 어디서 비롯하는지를 '나'와 '남'이라는 글자가 고스란히 보여준다.

세상에 그 누구도 나와 아무 상관없는 남일 수가 없다. 우리 모두 얼의 형제로서 연결된 관계를 회복해야 한다. 부부, 형제, 이웃, 동료 등 개인과 개인의 관계는 물론, 기업과 구성원, 경영자와 노동자, 학교와 학생, 정부와 국민, 국가와 국가의 관계도 마찬가지이다. 상대를 남으로 규정하고 자기만 옳다고 주장하는 것은 '나쁜' 일임을 이제 알지 않는가. 상대방을 '태양처럼 밝은 나'로 볼 수 있다면 틀림없이 서로 어우러지는 방법을 찾을 수 있다.

'내 마누라'가 아니라 '우리 마누라'가 된 이유

우리말에서는 '나'를 넣을 자리에 '우리'를 곧잘 넣는다. 심지어 '우리 마누라', '우리 남편'이라고 말하기도 한다. 이렇게 말한다고 해서 남편이나 아내를 '공유'한다고 생각하는 사람은 아무도 없다. 이는 나와 남이 아닌, 나와 나의 연결이 살아 있는 공동체 문화에서 나온 어법이라고 봐야 할 것이다. 그런 공동체에서는 나와 나 아닌 것의 경계를 나누지 않기 때문에 내가 곧 우리이고, 우리가 곧 나인 것이다.

좋다와 나쁘다, 나와 남, 이 말들을 풀이해보면 그 맥락이 한 가지다. 우리말이 만들어진 이치가 그렇게 되어 있기 때문이다. 해외에서 강연할 때 외국인들에게 한국말의 특성에 대해 이야기하면 그들은 한국말에 담긴 높은 철학과 한글의 과학적 체계에 경탄을 아끼지 않는다. 그런가 하면 국내 강연에서는 같은 이야기를 해도 의심스러운 표정으로 고개를 갸우뚱하며 듣는 이들이 적지 않다.

우리말 속에 담긴 크고 밝은 이치를 일찌감치 깨닫고, 우리말을 바르게 알고 잘 쓰자 하신 훌륭한 선각들이 여러 분 계셨다. 지금도 이분들이 앞서 공부하여 내놓은 가르침이 전해지고 있고, 이를 토대로 연구하는 학자들이 있다. 하지만 현재 대한민국에서 사용되는 말의 형편은 갈수록 더 심각해지고 있다. 말이란 인위적으로 조율할 수도 없고, 그 시대에 그 말을 쓰는 사람들과 그들이 속한 사회 문화의 특성에 따라 끊임없이 변하는 것이니 억지로 돌이킬 수도 없다. 그러나 결코 흘려버리지 않아야 할 것, 제자리에 반드시 되살려 놓아야 할 것은 우리말에 깃든 정신이다. 얼에서 나온 말, 얼을 깨우는 우리말의 가치를 분명히 알고, 소중히 여기며 바르게 사용하기를 권하고 또 권한다. 좋은 사람, 좋은 세상을 위해!

'좋다'는 말에는 조화롭다는 의미가 담겨 있다. 서로 어긋나지 않고 잘 어우러지는 것, 어울리는 것이 좋은 것이다. '나쁘다'는 '나뿐'인 상태이다. 나뿐이어서 주변과 조화롭지 않은 것, 다른 사람을 배려하거나 존중하지 않고 자신의 이기심에 치우치는 것, 다른 생명과 지구 환경을 살피지 않고 자신의 편리와 이익만 앞세우는 것이 나쁜 것이다.

넷

당신은 신입니다

좋은 사람을 만날 때 우리는 '반갑습니다' 하고 인사한다. 좋은 일이 생기면 '반가운 일'이라 하고, 기다리던 연락을 받을 때면 '반가운 소식'이 왔다고 한다. 일상적으로 쓰는 말이면서도 그 뜻을 알지 못하는 경우가 많은데, 반갑다는 말도 그 중 하나일 것이다.

'반'은 어디서 비롯한 말일까? 반의 어원을 살피면 '한'과 관련된 음가로, 이는 곧 신을 가리키는 말이었다. 그러니까 '반갑다'는 '반과 같다'는 뜻이고, 상대방에게 '반갑습니다' 하고 인사하는 것은 '당신은 하늘의 신과 같이 크고 밝은 존재입니다'라는 찬사를 보내는 셈이다.

반갑습니다, 고맙습니다 = 당신은 신과 같습니다

나는 강연장에서 청중 앞에 서면 늘 "반갑습니다"하고 인사한다. 나의 이야기를 듣기 위해 이렇게 찾아와준 이들이 정말 한없이 반가워서다. 그리고 내 눈에 청중 한 사람 한 사람이 다 신과 같이 크고 밝은

존재로 보여서다. 이들의 신성이 깨어나기를 바라는 마음까지 반갑습
니다 하는 인사말에 담는다. 누구나 하는 인사말이지만 나는 아주 간
절한 마음으로 이 말을 건넨다. 이 말에 숨은 본뜻을 알기 때문이다.

'반'으로 시작하는 우리말을 몇 가지 더 살펴보면 '반'의 의미가 좀
더 분명하게 와 닿을 것이다. 반하다, 반듯하다, 반반하다, 반드시, 반
딧불, 반들반들, 반짝반짝, 바르다와 같은 말들은 모두 밝고 온전한 신
의 속성을 표현한 어휘라고 볼 수 있다.

반갑다는 말은 인간에 대한 최고의 존중과 축복을 담고 있다. 사람
의 본성이 신성과 하나임을 알고, 신성을 깨워 한의 자리로 돌아가고
자 하는 것이 우리 옛 분들의 소망이었기에 늘 하는 인사말을 통해 이
같은 삶의 목적을 서로 일깨워주고자 했던 것이리라.

인도와 네팔 지역에서는 상대방과 인사를 나눌 때 '나마스테
Namaste'라고 하면서 두 손을 가슴 앞에 모은다. 나마스테는 '내 안의
신이 당신 안의 신에게 경배합니다'라는 의미라고 한다. 이 인사말을
아는 사람들은 세상에서 가장 고귀한 인사라며 탄복한다. 물론 참으
로 아름다운 인사말이다. 그런데 다른 나라의 인사말에는 탄복하면서
정작 우리 인사말인 '반갑습니다'에 어떤 뜻이 담겼는지를 모른다면
이는 무척 애석한 일이다. 아마 우리 인사말의 의미를 안다면 역시 누
구라도 감탄할 것이다. 그리고 이 인사를 나눌 때면 상대방이 더욱 가
치 있는 사람으로 느껴질 것이다.

'반갑습니다'와 함께 살펴보고 그 뜻을 새기면 좋을 우리말이 하나 더 있다. '고맙습니다'가 그것이다. 고맙다는 말을 어떤 때 해야 하는지는 누구나 잘 알지만, 이것이 어디서 비롯한 말인지는 일반적으로 잘 알지 못할 것이다.

'고맙다'의 뿌리가 되는 글자인 '고'는 높은 신을 가리킨다. '고'에 여성을 뜻하는 '마'가 붙으면서 '고마'는 여신, 풍요를 상징하는 땅의 신(지모신)을 뜻하는 말로 쓰인다. 한편 고마는 '곰'으로 소리가 축약되어 여신을 상징하는 동물로도 불렸다.

곰이 여자가 되어 아이를 낳고, 그 아이가 자라 고조선을 세웠다는 단군왕검의 신화적 이야기는 '고마'와 '곰'이라는 말의 변천 과정을 알지 못한 데서 비롯된 오해라고 봐야 할 것이다. 단군의 어머니는 고마(곰)를 받드는 부족 출신의 여인이었다. 그는 신과 소통하는 신성한 공간인 소도(굴)에서 엄격한 수행을 거친 뒤에 마침내 여러 부족을 다스리던 지도자 한웅의 부인이 되었다. 땅의 사람이 하늘의 사람으로 거듭나는 이러한 사례는 이후 수행을 통해 자기 안의 신성을 밝히는 신인합일神人合一의 문화를 이루는 본보기로서 널리 전해졌을 것이다.

'고맙다'는 말은 이렇듯 '고마'를 풍요의 신으로 받드는 문화를 거치면서 탄생했다. 서로 먹을거리를 나눈다거나 도움을 받으면 '고맙습니다' 즉 '고마와 같습니다' 하고 인사했다. 내게 도움을 주는 사람에게 고맙다고 하는 것은 '당신은 신과 같은 사람입니다'라며 그 은혜에 고개를 숙이는 일인 것이다.

인간의 본성을 신으로 본 우리 정신문화

'반갑습니다'와 '고맙습니다'라는 말에는 우리말의 뿌리 정신이 깊고 뚜렷하게 남아 있다. 이런 말들을 통해 우리가 확인할 수 있는 우리말의 핵심은 인간의 정체성을 '신'으로 본다는 점이다. 인간을 태양같이 밝은 신성을 지닌 존재로 여기기 때문에 자기 자신을 일컬어 '나(태양)'라 하고, 다른 사람들도 나와 다름없는 존재로서 존중한 것이다.

우리 정신문화의 전통에서 신은 인격화하지 않은 '법칙으로서의 신'이다. '심기혈정心氣血精의 신'이라고 할 수도 있다. 심기혈정은 마음이 가는 곳에 기운이 모이고, 기운이 모이면 생명력이 동하고, 기운이 생동하면 눈에 보이는 물리적 현상으로 나타난다는 뜻이다. 이는 정신과 물질이 하나임을 설명하는 대표적인 원리이다. 심기혈정은 그러니까 법칙으로서의 신을 풀이한 것이기도 하다. 마음의 힘을 믿었던 우리 민족의 신관은 주체적이고 자유로웠다. 신의 실체를 알기에 바른 마음은 정신이고, 흐트러진 마음은 귀신이라 할 수 있었다.

바른 마음을 가진 사람이 곧 신인이라는 의식에서 '홍익인간 이화세계'의 정신이 나올 수 있었다. 인간의 본질적인 가치를 알고 이를 존중하는 사람이 '홍익인간'이요, 그 가치를 실현한 세상이 '이화세계'이다. 이런 큰 깨달음이 우리 정신문화의 뿌리를 형성하고 있고, 그 뿌리로부터 한민족의 문화가 만들어졌다는 사실을 무엇보다 우리가 잘 알아야 하지 않겠는가.

혈통과 민족을 넘어 모든 사람이 '반'과 같고 '고마'와 같다는 대 전제가 우리 정신문화를 관통하고 있다. '반'과 '고마'의 의식을 지닌 사람들이 이끄는 문화는 성공보다 완성, 경쟁보다 화합, 소유보다 관리, 지배보다 존중, 개인의 이익보다 전체의 이익에 가치를 둔다. 여기에는 민족주의나 혈통주의, 애국주의 등의 폐해로 지적되곤 하는 배타성이 끼어들 여지가 없다.

우리말이 가치 있으니 우리말만 써야 한다는 것이 아니다. 우리말 속의 정신을 알고 그것을 오늘날 우리 문화의 흐름 속에 되살리자는 것이다. 이 같은 정신이 깨어 있으면 외래어도 창조적으로 우리말 속에 녹여 쓸 수 있고, 외래문화도 우리 것과의 융합을 통해 더 풍요로운 문화 환경을 만들 수 있다.

그에 앞서 일단은 나부터 누군가에게 반가운 사람, 고마운 사람이 되자. 이것이 무엇보다 가치 있는 실천이다. 이렇게 하고 보니 얼을 찾자, 양심을 찾자, 홍익인간이 되자는 말보다 반갑고 고마운 사람이 되자는 말이 더 와닿는 듯하다. 어쨌든 이제 책의 서두에서 '들어가는 말'을 마무리하면서 '반갑습니다, 고맙습니다' 하고 인사한 나의 뜻이 조금은 전해졌을 것이라고 생각한다. 모두가 신의 마음으로 좋은 세상을 만들어 가기를 바라는 마음, 그것이다.

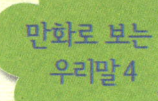

만화로 보는 우리말 4

'반갑습니다'에서
'반'은 '신(GOD)'과
같은 뜻으로

'반갑습니다'는
'당신은 신과 같습니다'
'당신은 신과 같이
크고 밝은
존재입니다'라는
말입니다.

'반'은 신을 가리킨다. 상대방에게 '반갑습니다' 하고 인사하는 것은 '당신은 신과 같이 크고 밝은 존재입니다'라는 찬사를 보내는 셈이다. '고맙습니다' 할 때의 '고마'는 풍요의 신이다. '고맙습니다'는 '고마와 같습니다'라는 뜻으로 내게 도움을 주는 사람에게 '당신은 신과 같은 사람입니다' 하며 은혜에 고개를 숙이는 것이다. 우리말은 이렇듯 인간의 정체성을 '신'으로 보는 특성을 지녔다.

다섯

얼을 찾는
기쁨의 노래, 아리랑

'아리랑'은 입에서 입으로 전해 내려오는 우리 노래다. 만든 사람도, 만들어진 시기도 알려져 있지 않고, 지역에 따라 노랫말도 가락도 저마다 다르다. 그 가운데 누구나 쉽게 부를 수 있어서 대표격이 된 아리랑은 '아리랑 아리랑 아라리요, 아리랑 고개를 넘어간다, 나를 버리고 가시는 님은 십 리도 못 가서 발병 난다'고 하는 곡이다.

노랫말을 보면 사랑하는 사람을 떠나보내는 여인의 원망 어린 슬픔을 드러내고 있는데, 이별을 한탄하는 노래가 그토록 오랜 세월 동안 즐겨 불리며 전해졌다는 것이 한편으로는 좀 의아하지 않은가? 아리랑이 정말 그런 노래일까?

참나를 깨닫는 기쁨이여

아리랑은 내가 가장 즐겨 부르는 노래이다. 혼자 있을 때도 내가 작사 작곡한 나만의 아리랑을 부른다. 모임 자리에서 노래 부를 기회가 있으면 물론 아리랑을 부르고, 이는 언제나 합창으로 이어진다. 내가 부르는 아리랑, 내가 알고 있는 아리랑은 기쁨을 노래하는 곡이다. 그것도 세상에서 가장 큰 기쁨인 '참나를 깨닫는 기쁨'을 노래하기에 그 깨달음의 여정에서 겪게 되는 애환도 곡조에 함께 흐른다.

이는 아리랑의 어원을 연구하거나 역사 배경을 분석하여 알아낸 것이 아니다. 어느 날 아리랑을 이어서 계속 부르던 중에 문득 이 노래가 어떤 노래인지 깨닫게 되었다. 이는 누구에게나 직관적으로 일어날 수 있는 번뜩임 같은 것이다. 나한테는 아주 명징한 느낌이지만 직관으로 파악한 것이니 이를 맞다거나 그르다거나 할 수는 없겠고, 다만 여러분과 함께 즐거움을 나누고 싶어 아리랑의 해석을 내 느낌대로 풀어본다.

먼저 아리랑을 한자로 풀어보자.

아我 : 참나

리理 : 이치, 원리, 법

랑朗 : 즐거움

뜻을 새기면 '참나를 깨닫는 기쁨이여'가 된다. 나는 외국인에게 아리랑을 소개할 때 '참나를 찾는 기쁨의 노래'라고 설명한다. 이 심오한 뜻을 담은 노래 한 곡조로 외국인들은 대한민국을 깨달음의 전통이 있는 나라로 기억하게 된다.

다음에는 아리랑을 우리말로 풀어보자. 흥미로운 것은 우리말 속에 숨은 뜻을 찾아내도 한자로 푼 내용과 다르지 않다는 점이다.

 아 : 태양과 같이 밝은 나. 참나. 또는 '얼'에서 나온 하나의 개체를 뜻하는
  '알'이라는 말이 '아리'로 연음된 것일 수도 있다.
 리 : 여성을 높여 부르거나, 사람을 지칭한다.
 랑 : '라'는 태양. 라에 붙은 이응은 소리를 부드럽게 이어주기 위해 쓰인다.

이렇게 풀어보면 아리랑은 '태양처럼 밝은 이여'라는 뜻이 된다. 이에 따라서 아리랑의 노랫말 전체를 다시 풀어본다.

 아리랑 아리랑 아라리요 : 태양처럼 밝은 이여, 태양처럼 밝은 이여
 아리랑 고개를 넘어간다 : 참나를 밝히는 힘겨운 길을 가시는군요
 나를 버리고 가시는 님은 : (힘들다고 해서) 참나를 찾는 이 길을 포기하고
           가는 이는
 십 리도 못 가서 발병 난다 : 인간 완성(십十은 완성을 뜻함)을 이루지 못하고
           삶을 마치고 맙니다

그러니 힘들어도 참나를 깨닫는 기쁨의 길을 가자는 간절한 염원을 담은 노래가 아리랑이다. 기쁨을 노래하니 기쁜 노래가 될 수도 있고,

애환과 염원을 담으니 애조 띤 노래가 될 수도 있다.

'정선아리랑'이나 '밀양아리랑'에서는 '아리랑 고개로 날 넘겨주소' 또는 '아리랑 어절시구 잘 넘어간다'고 노래한다. 왜 아리랑 고개로 날 넘겨달라고 하는지, 왜 잘 넘어가고 싶어 하는지 이제는 그 마음을 헤아리면서 아리랑을 부를 수 있을 것이다.

아리랑은 민족과 인종을 떠나 누구에게나 고향의 노래

아리랑이 그토록 오랫동안 가슴 깊숙한 울림과 함께 불리고 또 불린 이유가 여기에 있다. 그래서 아리랑은 언제 어느 때 불러도 다 잘 어우러진다. 기쁠 때는 흥을 더하는 노래가 되고, 슬플 때는 위로의 노래가 되며, 좌절했을 때는 격려의 노래가, 좋은 자리에서는 축복의 노래가 된다.

미국 애리조나 주 세도나에 있는 일지명상센터에서는 명상 세션 중에 꼭 아리랑을 부른다. 미국 각지에서 명상 프로그램에 참여하기 위해 이곳을 찾은 미국인들은 생전 처음 들어본 노래인데도 아리랑을 아주 익숙하게 부르면서 그 흥을 즐긴다. 한 참가자는 아리랑이 마치 어릴 때부터 불러온 고향의 노래처럼 그리움을 불러일으키면서 가슴을 따뜻하게 하더라고 소감을 전해왔다. 아리랑이 지닌 에너지는 민족과 인종의 경계에도 걸림이 없다.

아리랑은 이제 더 이상 여인의 한(恨)을 담은 노래가 아니다. '한'을 향한 우리 모두의 그리움을 담은 깨달음의 노래, 얼을 밝히는 어울림의 노래이다. 그래서 어느 민족, 어느 나라 사람이 불러도 본래 자기 고향의 노래였던 것처럼 친숙하고 자연스럽게 노래의 정조 속으로 녹아든다. 이런 의미와 가치를 알고 부르면 아리랑을 완전히 새롭게, 더욱 가슴 설레며 부를 수 있을 것이다.

2012년 말, 아리랑이 마침내 유네스코 인류무형유산으로 등재됐다는 반가운 소식이 들려왔다. 동북공정을 추진하고 있는 중국에서 아리랑을 중국의 문화로 편입하려는 움직임이 알려지면서 유네스코 등재를 더욱 적극적으로 서두른 결과라고 할 수 있다.

아리랑은 60년의 분단을 극복해야 하는 과제를 안은 남북한이 서로의 동질성을 확인할 수 있는 소중한 매개이기도 하다. 남한과 북한이 올림픽에 단일팀으로 출전할 때는 아리랑이 공동 국가로 울려 퍼지기도 했다.

그런가 하면 세계인 누구나 마치 고향의 곡조처럼 친근하고 아름답게 느끼는 신비한 노래이다. 아리랑은 어떻게 세계인의 가슴에 단박에 가닿는 걸까? 나는 그것이 얼의 노래이기 때문이라고 이야기한다. 누구나 넘어야 하는 인생이라는 고갯길에서 주저앉거나 딴전 피우거나 도망가지 말고, 그리운 님처럼 소중한 얼을 꼭 찾으라고 신신당부하는 소리에 세상사람 누구나 귀 기울일 수밖에 없지 않겠나. 모든 사람의 고향이 얼이니, 얼을 노래한 아리랑은 누구에게나 고향의 노래인 것이다.

> 만화로 보는 우리말 5

아리랑 아리랑 ♪

태양처럼 밝은 이여

아라리요 ♬

태양처럼 밝은 이여

아리랑 고개를 넘어간다 ♬

참나를 밝히는 힘겨운 길을 가시는군요

나를 버리고 가시는 님은 ♪

힘들다고 해서 참나를 찾는 이 길을
포기하고 가는 이는

십 리도 못 가서 발병 난다 ♬

인간 완성(+)을 이루지 못하고
삶을 마치고 맙니다.

아리랑은 참나를 깨닫는 기쁨의 길을 가자는 간절한 염원을 담은 노래로, 언제 어느 때 불러도 다 잘 어우러진다. 기쁠 때는 흥을 더하는 노래가 되고, 슬플 때는 위로의 노래가 되며, 좌절했을 때는 격려의 노래, 좋은 자리에서는 축복의 노래가 된다.
세계인이 누구나 아리랑을 고향의 노래처럼 친근하고 아름답게 여기는 이유는 아리랑이 얼의 노래, 얼을 살리는 노래이기 때문이다. 모든 사람의 고향이 얼이니, 얼을 노래한 아리랑은 누구에게나 고향의 노래이다.

여섯

하나, 둘, 셋만 알아도
도통하는 우리 숫자말

우리나라 최고의 고대 경전으로 꼽히는 천부경은 매우 독특한 구조로 되어 있다. 천부경은 9천여 년 전 중앙아시아의 천산 지역을 중심으로 문명을 일군 한인 천제 때부터 전해오던 우주만물의 생성 소멸의 원리를 담은 경전이다. 신시배달국 시대에 이르러서는 한웅 천황 때 당시 문자인 녹도문으로 기록되어 단군조선까지 전해지고, 이후에 신라시대 학자 최치원이 이를 한자로 옮겨 적어 오늘날까지 전해온다.

천부경, 여든한 자에 담긴 우주만물의 이치

천부경은 모두 여든한 자의 한자로 이루어져 있는데, 아무리 뛰어난 한학자라 할지라도 이 짤막한 문서를 온전히 해석해낼 수는 없다. 한자를 해석하여 그 뜻을 파악하는 것만으로는 천부경의 진면목을 드러낼 수 없기 때문이다. 특히 1부터 10까지의 숫자가 여러 번 반복해서 나오는데, 이 난수표처럼 보이는 숫자들은 천부경의 내용을 더욱

난해해 보이게 한다.

 그런데 입에서 입으로 전해졌다는 진리의 말씀이 이렇게 어려울 까닭이 있을까? 수많은 사람이 세대를 거치며 이를 외워서 전했을 것이니, 누구나 몇 번 거듭해서 들으면 알아듣고 마음에 새길 수 있을 만큼의 내용이지 않았을까? 그렇다면 말로 전해지던 천부경은 당연히 우리말로 돼 있었을 것이다. 그랬던 것을 오랜 뒤에 그 내용을 한자로 옮기니 본뜻과 달리 모호해진 부분들이 생기고, 이후에 이를 다시 한글로 해석하면서 내용이 더욱 혼란스러워졌을 게다. 번역에 번역을 거듭한 결과, 원본의 진면목을 알기 어렵게 된 것이다.

 천부경의 참 뜻을 파악하려면 여든한 자로 구성된 문장의 골조를 이루는 1부터 10까지의 숫자를 풀이하는 것이 관건이다. 천부경을 연구하는 학자들이 가장 난감해 하는 대목이 이 숫자들이다. 한자로 된 천부경은 숫자도 물론 한자말로 되어 있다. 하지만 앞에서 이야기했듯이, 천부경의 본뜻을 헤아리려면 우리 숫자말로 접근해볼 필요가 있다.

 '하나, 둘, 셋, 넷, 다섯, 여섯, 일곱, 여덟, 아홉, 열' 하는 우리 고유의 숫자말은 어떻게 만들어졌을까? 다른 말들과 마찬가지로 숫자말 역시 자연의 이치를 살피며 그것을 표현하고 활용하기 위해 만들어졌을 것이다. 우리 숫자말에 담긴 이치를 알면 천부경의 참 뜻을 깨우칠 수 있는 열쇠를 손에 쥐는 셈이다. 우선 천부경 전문을 보자.

天符經 천부경

一始無始一析三極無盡本
일 시 무 시 일 석 삼 극 무 진 본

天一一地一二人一三
천 일 일 지 일 이 인 일 삼

一積十鉅無匱化三
일 적 십 거 무 궤 화 삼

天二三地二三人二三
천 이 삼 지 이 삼 인 이 삼

大三合六生七八九運
대 삼 합 육 생 칠 팔 구 운

三四成環五七一
삼 사 성 환 오 칠 일

妙衍萬往萬來用變不動本
묘 연 만 왕 만 래 용 변 부 동 본

本心本太陽昂明人中天地一
본 심 본 태 양 앙 명 인 중 천 지 일

一終無終一
일 종 무 종 일

우주만물은 하나에서 비롯되나 이 하나는 하나라고 이름 붙이기 이전의 하나이며 본래부터 있어 온 하나이다. 하나는 하늘과 땅과 사람 세 갈래로 이루어져 나오지만, 그 근본은 변함도 없고 다함도 없다.

하늘의 본체가 첫 번째로 이루어지고, 그 하늘을 바탕으로 땅의 본체가 두 번째로 이루어지고, 그 하늘과 땅을 바탕으로 사람의 본체가 세 번째로 이루어진다.

이렇게 변함없는 하나가 형상화되기 이전의 하늘, 땅, 사람의 순서로 완성되면서 새로운 하나를 이룬다. 이 새로운 하나는 한정도 없고 테두리도 없다. 이 새로운 하나가 바로 형상화된 하늘과 땅과 사람이다.

형상화되기 이전의 하늘, 땅, 사람과 형상화된 하늘, 땅, 사람이 어울리면서 음과 양, 겉과 속, 안과 밖이 생겨난다.

하늘에는 밤과 낮이 있고 땅에는 물과 뭍이 있으며, 사람에게는 남녀가 있어서 이 둘의 조화를 통해 천지는 운행을 하고, 사람과 만물은 성장 발달해 나간다.

이렇듯 하늘과 땅과 사람이 원래의 근본 상태, 형상화되기 이전의 상태, 형상화된 상태, 형상화되기 이전과 형상화된 상태가 어울려 작용하는 상태, 이 네 단계를 거쳐 우주만물이 완성되며, 우주만물은 본래 따로 뗄 수 없는 한 덩어리다.

이렇게 하나가 묘하게 피어나 우주만물이 형성되며, 그 쓰임은 무수히 변하나 근본은 다함이 없다.

마음의 근본과 우주만물의 근본이 하나로 통할 때 일체가 밝아진다. 이렇게 마음을 밝힌 사람에게는 하늘과 땅이 하나로 녹아 들어가 있다.

우주만물은 하나로 돌아가 끝이 나지만, 이 하나는 하나라고 이름 붙이기 이전의 하나이며 끝이 없는 하나이다.

천부경은 조화경으로 불린다. 우주만물이 조화하는 이치를 담고 있기 때문이다. 만물이 하나의 근원에서 나와서 변화하고 발전하다가 하나로 돌아가는 이치를 천부경은 더없이 간명하게 보여준다.

그 이치의 핵심인 1부터 10까지의 숫자를 우리말로 풀어본다. 이 풀이는 언어학적인 분석에 따른 것이 아니다. 숫자말은 초기 언어에 해당하기 때문에 자연의 이치를 그대로 따르면서 말의 원형을 담고 있다. 자의적인 해석이라고 여겨지면 가볍게 보아 넘겨도 좋지만, 숫자말에서 드러나는 말의 원형질을 살펴보는 것도 흥미로운 일이 될 수 있다. 자연을 경이로운 눈으로 관찰하는 고대인들이 느껴지고, 당시나 지금이나 자연은 변함없는 모습으로 인간에게 곁을 내주고 있다는 사실에 새삼 자연이 위대해보이기도 한다.

우리 숫자말로 본 자연의 이치

 **홀** 하나 이전의 불완전한 상태
(홀로, 홀연히, 홀애비, 홀어멈, 홑이불) 홀씨 상태

하나(一) 완전한 상태. 시작이자 끝

홀씨가 땅에 떨어짐

 둘(二) 상대적 공통성

씨앗이 둘로 갈라짐

셋(三) 섯다, 섬(생명, 삶)

 씨앗에서 싹이 움틈

넷(四) 누움, 죽음

처음의 씨앗은 사라짐

 **다섯(五)** 닫고 섬(땅 속의 어두움을 닫고 광명으로 일어섬)

땅 위로 싹이 트면서 일어선 상태. 땅 속의 어둠에서 벗어나 땅 위의 광명 세계로 자라 나옴

 **여섯(六)** 열고 딱 갈라지면서 섬

비로소 하나의 개체로서의 삶이 시작됨

 **일곱(七)** 일굼

뿌리로 물을 끌어올리고, 잎으로 빛을 받으며 생명을 일궈감

 **여덟(八)** 열매를 열고 닫다. 마침내 열매를 맺고, 생산 활동을 끝냄(그래서 팔삭둥이는 살 수 있다.)

 **아홉(九)** 아우르다

열매와 잎을 땅으로 되돌림

하나, 둘, 셋만 알아도 도통하는 우리 숫자말

 **열(十)** 열리다(완성)

다시 씨앗으로 돌아감. 마침내 하나의 시작과 끝을 완성하고, 다시 새로운 하나를 열다. 인간은 열 달 만에 출생. 그래서 열은 완성과 새로운 시작을 뜻함.

나무 한 그루의 삶에서 온전한 우주의 질서와 생명의 이치를 보고, 그 질서와 이치에 따라 하나, 둘, 셋 하며 숫자말을 지어냈을 당시가 눈앞에 그려진다. 그리고 그것을 지금의 우리가 고스란히 쓰고 있다고 생각하니 그 세월 동안 끊이지 않고 이어진 시간의 고리가 순간이동의 마법처럼 짜릿하다.

천부경을 풀이할 때 우리 숫자말이 상징하는 의미를 참조하면 해석의 실마리를 찾을 수 있다. 예를 들어 '육생칠팔구운六生七八九運'은 개체로서의 삶이 시작되어 생명을 키우고 열매를 맺은 다음 그것을 추스르면 비로소 완성을 이루고 다시 새 세상이 열리는 이치를 설명한 것이라고 할 수 있다. 이어지는 '삼사성환三四成環'은 삶과 죽음이 고리처럼 하나로 이어져 있음을 나타낸다.

숫자는 단순한 기호가 아니라, 이치에 따라 자연스럽게 사람들 사이에 이해되고 약속된 말이다. 숫자 속에 이치가 담기는 것은 그래서 참으로 당연한 일이다. 모든 것이 이치에 따라 생겨나고 사라지는 것이니 이치를 알면 만물을 다 아는 것과 다름없는 통찰의 눈을 뜨게 된다.

   자연의 이치를 살피고, 그 이치에 따라 스스로를 돌보면서 다른 생명과 세상도 귀하게 돌보는 마음으로 사는 것. 이 이상의 도道가 없다. 천부경의 가르침도 조화롭고 참된 사람의 도리를 일러주는 것 아니겠는가. 옛분들의 마음을 헤아리며 찬찬히 살펴보니 천부경도 얼의 유산인 것을 알겠다.

만화로 보는
우리말 6

씨앗이 땅에 떨어졌어요.

싹이 열리면서 땅 위에 서고

물과 햇빛의 힘으로 생명을 일궈요.

마침내 열매를 맺고

모든 것을 아울러 땅으로 되돌려요.

그리고

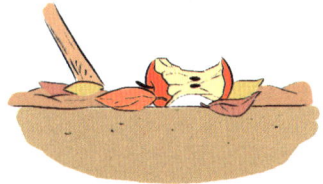

열매는 다시

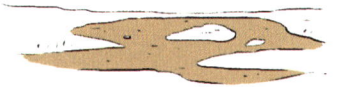

씨앗으로 돌아가지요.

하나에서 시작해 열을 완성
하고 다시 하나가 됩니다.

하나, 둘, 셋 하는 우리 숫자말은 자연의 이치를 그대로 담고 있다. 숫자는 단순한 기호가 아니라, 이치에 따라 자연스럽게 사람들 사이에 이해되고 약속된 말이다. 자연의 이치를 살피고, 그 이치에 따라 스스로를 돌보면서 다른 생명과 세상도 귀하게 돌보는 마음으로 사는 것. 이 이상의 도道가 없다.

일곱

환한 얼굴이
　　환한 세상을 엽니다

깨달음이란 아주 단순하다. 우리 모두가 '하나'로 연결된 존재임을 깊이 자각하는 것. 이것이 핵심이고 전부이다. 단 한 번에 뼛속에 사무치는 큰 자각이 일어나면 그것으로 충분하고, 아니라면 지속적으로 일깨워주면 된다. 깊은 자각은 얼을 깨우고, 얼이 깨어나면 그 다음은 얼의 힘으로 가게 되어 있다.

크고 밝고 바르며, 무한하고 영원한 속성을 상징하는 '한'

우리 정신문화의 전통에서 제일 위에 놓이는 깨달음을 표상하는 말이 '한'이다. 한은 크다, 밝다, 바르다는 뜻을 품고 있다. 우리 숫자말 '하나'도 한에서 나온 말이다. 한의 뜻을 낳은 원형은 '하'다. '하'는 태양을 뜻하는 음가로서 한 해 두 해를 셀 때의 '해'도 '하'에서 나왔다. 지금도 불교에서는 속세의 나이가 아닌 승려가 된 이후의 나이를 셀 때 '하'를 사용한다. '하'는 태양을 뜻하는 '라(=나)'와도 아주 가까운 말이다.

'하' 소리는 '아'보다 몸 속 더 깊은 곳에서 나온다. 아버지보다 할아버지가 더 윗대이듯 '아'와 '하'의 관계도 그와 비슷하다.

'하' 소리를 내다가 아랫배를 쭉 당기면서 맺는 소리가 '한'이다. '한'은 태양처럼 크고 밝은 것을 가리키는 말로 두루 파생되어 쓰였다. 하나, 간(칸, 건과 같은 말로 최고 지도자를 뜻함), 환(환은 우리말에서도 한자에서도 환하다, 빛나다, 밝다는 의미로 쓰임) 등이 그 예다.

하나님도 '한'에서 비롯된 말이다. 기독교가 우리나라에 들어올 때 선교사들이 성서의 '갇God'을 하나님이라고 옮겼는데, 이것이 기독교가 우리나라에서 급속히 전파되는 데 결정적인 역할을 했다. 하나님은 본래 한민족의 신이다. 우리 생활문화 속에 깊이 녹아 있던 그 하나님의 이름으로 기독교 교리가 전파되자 사람들은 낯선 종교가 주는 문화적 이질감에 걸려 머뭇거릴 일 없이 이를 받아들였다.

이제 하나님은 기독교의 여호와 신을 지칭하는 말처럼 쓰이고 있지만, 본래 하나님은 '한'에서 나온 우리말이고, 기독교 이전에 우리 민족이 오래 전부터 받들어온 신성의 이름이자 생명의 실상을 이르는 말임을 알아야 할 것이다.

가운데 중에서도 제일 가운데를 '한가운데'라고 하듯이 '한'은 아주 바른 중심이다. 한길은 큰 길을 일컫고, 한평생은 가장 긴 시간을, 한순간은 가장 짧은 찰나를 뜻한다. '한'은 이처럼 무한하고 영원한 속성을 상징한다. 가장 중심이자 전체이고, 가장 긴 것이기도 하고 가장 짧은 것이기도 하고, 있기도 하고 없기도 하며, 시작이기도 하고 끝이기도 하다.

이 같은 '한'의 세계를 보여주는 것이 천부경이다. 천부경은 '일시무시일 一始無始一(하나에서 비롯되나 이는 시작이 없는 하나이다)'로 시작해 '일종무종일 一終無終一(하나로 돌아가지만 이는 끝이 없는 하나이다)'로 끝난다. 하나에서 비롯되어 하나로 돌아가는 우주 만물의 근본을 일러주는 '한'은 이후에 '환'으로도 쓰였다. 그래서 '환'이라는 말은 앞에서 설명한 것처럼 우리말에서도 한자에서도 그 뜻이 같고, 특히 한자에서는 돌아오다, 둥글다, 기쁘다는 의미로 쓰인다. 천부경에서 설명한 '한'의 원리가 '환'에도 고스란히 반영된 것이라고 볼 수 있다.

'환하다'고 소리 내서 말하면 얼굴이 정말 환해진다. 강연장에서 청중에게 이 이야기를 해주면 다들 해보면서 즐거워한다. '환하다'는 말 한마디 덕분에 강연장이 정말 환해진다. 그럼 이번에는 찡그린 표정으로 '환하다'고 말해보라고 한다. 곧 여기저기서 웃음이 터진다. 환하다고 말하면서 동시에 얼굴을 찡그리는 게 잘 되지 않아서다.

'환하다'는 말이 지닌 밝은 기운을 잘 활용하면 재미있을 것 같다. 교실에서, 사무실에서, 가정에서, 언제 어디서든지 '환합니다' 하고 서로에게 인사말처럼 건네면 무거운 분위기를 금세 털어낼 수 있을 것이다. 혼자서도 머리가 복잡하거나 마음이 무거울 때 '환합니다' 하고 웃으면 순식간에 밝은 기운과 쑥 연결된다.

환한 것은 얼의 기운이니 사랑도 이기적인 사랑이 아닌 환한 사랑, 성공도 이기적인 성공이 아닌 환한 성공을 하면 개인과 사회에 두루 좋은 일이다.

그렇다면 한의 전통을 지닌 대한민국은 더더욱 환한 국가가 되어야 하지 않겠나. 우리나라 이름도 '한국'이지 않은가. 대한민국이 인류 앞에 이렇게 선서한다고 상상해 본다. '대한민국은 소유하고 지배하기 위한 성장이 아니라 인류의 건강, 행복, 평화를 돕는 국가로 성장하는 것을 국정 목표로 삼는다.' 실제로 우리나라가 이런 역할을 해낸다면 대한민국은 정신문명시대를 연 국가로 인류사에 기록될 것이다.

한얼 속에 한울 안에 한알이다

만물이 모두 연결되어 있음을 깊이 자각하려면 몸으로 깨우치는 과정이 반드시 필요하다. 몸으로 기적인 에너지를 체험하면 '연결' 상태를 실감하게 된다. 이 느낌을 몸이 감각적으로 기억함으로써 자각이 깊어지는 것이다.

한의 전통 속에서 우주 만물의 연결은 명료하게 정의되어 있다. '한얼 속에 한울 안에 한알이다.' 한얼, 한울, 한알과 같은 말은 우주와 생명의 상호관계, 인간 존재의 참 모습에 대한 깨달음을 통해서만 나올 수 있는 표현이다.

'얼'은 앞에서 여러 차례 이야기했듯이, 더 이상 나눌 수 없는 본질 그 자체이다. 생명의 근원적인 정보로서 사람에게는 누구나 얼이 있다. 그 얼의 총체가 한얼이다.

'울'은 이어짐을 뜻한다. 울타리, 장소, 환경 등의 의미가 있고, '우주'라는 말도 '울'에서 비롯했다. 우주 만물이 한없이 이어져 있는 것이 한울이다.

'알'은 하나의 개체를 뜻한다. 독립된 개체이면서 전체와 연결돼 있는 존재가 한알이다.

'한얼 속에 한울 안에 한알'에서 '한'은 궁극의 법칙을 나타낸다. 한과 짝을 이룬 '얼울알'은 천부경의 '묘연만왕만래용변부동본妙衍萬往萬來用變不動本'의 이치처럼 같은 것이 변용되는 속성을 보여준다. '얼울알'이라는 글자의 모양에도 그 변용이 중성모음(ㅓㅜㅏ)의 변화를 통해 재미나게 드러나 있다.

'한얼 속에 한울 안에 한알'이라는 것은 모두가 하나로 연결되어 순환하고 회귀하는 원리를 간파한 말이다. 하늘과 땅과 사람이 하나이고, 나와 남이 다르지 않으니 모든 것을 내 몸같이 귀하게 여기고 사랑하라는 가르침은 이 말의 해례라고 볼 수 있겠다. 다 한세상임을 알면 사랑이든 홍익이든 그런 것은 세수하는 것처럼 당연한 일일 뿐이다.

그런데 이 한세상을 보지 못하면 끝내 자기만 아는 '나쁜 사람'으로 살다 가는 것이다. 공부를 왜 해야 하느냐고 묻는 아이에게 "남보다 잘 되려면 공부 잘해서 좋은 대학 가야 한다"고 말하는 부모가 있다면 이는 아이에게 나쁜 사람이 돼라고 하는 것과 다름없다. '어른'이 되지 못한 부모라도 아이에게는 '좋은 사람'이 돼라고 해야 하지 않겠나. '한얼 속에 한울 안에 한알'이라는 말만 깨우쳐도 어른 되는 공부를 다 한 셈이다.

옛날옛날 징글나라에

항상 얼굴을 찡그리는
징글공주가 살고 있었어요.

그래서 징글왕은 근심이 많았어요.

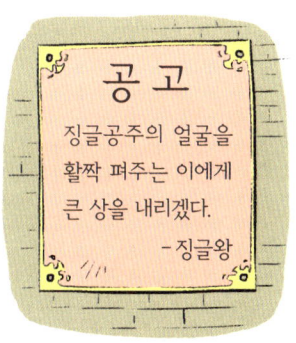

그리하여 많은 도전자가
나타났습니다.

이럴 리가 없는데!

매일 식후 3회
6개월 복용하시면…

이렇게 모두가
속수무책일 때…

그리하여 징글공주는 환한공주가 되어
얼찬용사님과 오래오래 행복하게
살았더래요~

우리 정신문화의 전통에서 제일 위에 놓이는 깨달음을 표상하는 말이 '한'이다. 한은 크다, 밝다, 바르다는 뜻을 품고 있고, 태양처럼 크고 밝은 것을 가리키는 말로 두루 파생되어 쓰였다. '환'도 그 중 하나이다. 환은 우리말에서도 한자에서도 환하다, 빛나다, 밝다는 의미로 쓰인다.
'환하다'라고 소리 내서 말하면 얼굴이 정말 환해진다. 찡그린 표정으로는 '환하다'라고 말하기 어렵다. 언제 어디서든지 '환합니다' 하고 서로에게 인사말처럼 건네면 무거운 분위기를 금세 털어낼 수 있을 것이다.
환한 것은 얼의 기운이다. 얼의 기운을 타고 모두들 환한 사랑, 환한 성공하시길!

여덟

귀를 부르면 귀가 밝아지는 생명의 언어

얼에서 말이 나왔으니 말로 얼을 부를 수도 있지 않을까? 실제 우리말은 몸과의 소통이 매우 뛰어나다. 생명의 이치에 뿌리를 둔 말이기 때문이다. 특히 우리 몸에 관련된 말은 몸과 직접 소통할 수 있다. 예를 들어 '눈'이라고 말하면 그 소리가 눈과 공명하고, '배'라고 하면 배와 공명한다.

정말 그럴까 생각된다면 직접 해보면 된다. 방법은 아주 간단하다. 명상하듯이 조용히 눈을 감고 자신의 몸에 집중하면서 나지막한 소리로 몸의 부위를 하나씩 부른다.

우리말로 몸과 소통하는 명상

'얼굴~' '얼굴'을 부르면 얼굴에 기운이 모이는 것을 느낄 수 있다. 소리를 내지 않고 마음속으로 얼굴을 불러도 기운을 느낄 수는 있지만 그 정도가 약하다. 그럼 '안면'이나 '페이스'라고 부르면 어떨까? '얼굴'이라고 할 때와는 느낌이 확연히 다르다. 집중해서 계속 얼굴을 부르다 보면 얼굴에 가벼운 진동이 일어나기도 한다.

'눈~' 눈을 감고 '눈' 하고 부르면 눈 안쪽이 서서히 조여 오면서 눈 전체가 꿈틀거리기도 하고, 눈동자가 이리저리 구르면서 절로 눈 운동이 된다.

'코~' '코' 하면 코 안쪽이 저릿할 정도로 울린다.

'입술~' '입술'을 계속 부르면 입술 부위가 점점 커지는 느낌이 든다.

'귀~' '귀' 하면 귀 안쪽에서부터 미세한 진동이 이는 것을 느낄 수 있다. 귀가 커지는 것 같은 느낌도 든다.

'목~' '목' 하면 목 전체에 기운이 점점 강하게 잡히는 것을 느낄 수 있다.

'가슴~' '가슴' 하고 부르면 가슴에 힘이 들어가면서 가슴이 펴진다. 가슴이 답답할 때 숨을 천천히 들이마시고 내쉬면서 가슴을 계속 부르면 가슴이 편안해진다.

'배~' '배' 하고 부르면 아랫배 부분에 바로 힘이 들어간다.

'뼈~' '뼈' 하면 처음에는 별 느낌이 없다가 계속 부르다 보면 몸 전체에서 깊은 울림이 느껴진다.

'무릎~' '무릎' 하면 무릎의 느낌이 꿈틀꿈틀 살아난다. 무릎은 우리 몸에서 기운이 아주 잘 들어오는 곳이기 때문에 계속 부르면 진동이 일어나기도 한다.

'**턱~**' '터~억~' 하고 길게 부르면 아래턱이 점점 벌어지면서 하관에 기운이 꽉 차는 느낌이 든다.

신체 부위를 직접적으로 부르는 말은 아니지만 '쉬'나 '쓰' 소리에 공명하는 몸의 부위가 있다. '쉬' 하면 아랫배와 항문, 허리 부위에 힘이 들어간다. 이렇게 하면 콩팥과 방광이 자극되기 때문에 흔히 어린아이의 오줌을 뉘일 때 '쉬' 소리를 내어 아이가 오줌 누는 것을 재촉한다. '쓰' 소리를 내면 특히 허리에 힘이 강하게 들어간다. 허리가 약한 사람은 날마다 틈틈이 해주면 허리를 튼튼하게 하는 데 도움이 된다. 또한 '쉬'와 '쓰'는 콩팥과 방광, 생식기에 해당하는 1번 차크라 부위를 자극하여 기운이 잘 흐르게 한다. 1번 차크라 상태가 좋아지면 그 위쪽 차크라들에도 연쇄적으로 영향을 미쳐서 전체적으로 건강을 증진시킬 수 있다.

소리의 치유 작용

에너지의 3대 요소는 광음파 즉 빛, 소리, 파장이다. 빛이나 파장이 인체에 영향을 미치는 것처럼 소리도 우리 몸의 세포, 조직, 기관에 섬세하면서도 강력한 영향을 미친다. 특히 호흡과 함께 모음을 길게 소리 내는 '음성내공법'은 치유의 기능이 있는 것으로 서양 의학계에도 보고가 되고 있다. 서양의 '토닝toning'은 우리의 음성내공법에 해당하는 소리 훈련이다. 토닝은 신체에 산소를 공급하고, 호흡을 깊게 하며, 근육을 이완시키고, 에너지 흐름을 촉진한다는 연구 결과가 나와 있다.

  소리를 활용해 우리 몸의 각 장기에 활력을 주는 '소리 수련'을 해보자. 되도록 소리를 길게 내면서 몸 안의 울림에 집중하는 것이 소리 수련의 핵심이다.

'아~' 심장과 공명하는 소리

'아~' 하면 가슴 부위가 울린다. 가슴이 답답할 때, 짜증 날 때, 조급증이 일 때 '아' 소리를 길게 내면서 가슴에 집중하면 막혔던 기운이 풀리고 마음이 안정된다.

'이~' 간장과 공명하는 소리

'이~' 하면 가슴에서 옆구리를 지나 척추까지 울리는 것을 느낄 수 있다. 간은 분노의 감정과 연결된 장기다. '이' 소리를 길게 내면서 간에 집중하면 간의 정화 작용을 돕는다.

'어~' 위장과 공명하는 소리

'어~' 하면 소리가 가슴을 타고 내려가 왼쪽 옆구리를 자극하는 것을 느낄 수 있다. 위장에 집중해서 소리를 길게 내면서 여러 번 반복한다.

'우~' 방광, 신장과 공명하는 소리

'우~' 하면 아랫배와 허리 뒤쪽에 서서히 힘이 들어간다. 방광과 신장을 울리면서 등줄기를 시원하게 풀어준다.

'허~' 허파와 공명하는 소리

'허~' 하면 가슴이 시원해진다. 이 소리는 길게 내기보다는 짧게 반복하는 것이 더 효과적이다.

'옴~' 얼굴과 공명하는 소리

'옴~' 하면 머리 전체가 진동하는 것을 느낄 수 있다. 반복할수록 느낌이 깊어지면서 명상 상태로 들어가게 된다.

음성내공은 건강법이자 의식을 정화하는 명상 수련이다. 근원에 가까운 소리를 통해 몸의 혈을 열고 기운을 운기시킴으로써 마침내 마음을 여는 것이 음성내공을 하는 궁극적인 이유이다.

　마음은 정신의 틀이다. 마음이 열린다는 것은 자연스러운 소통을 방해하던 틀에서 벗어나 근원적인 에너지와 통합되는 상태를 이른다.

　이렇듯 음성내공에는 우주의 진동 원리가 담겨 있다. 음성내공이 분화하면서 마치 우주의 빅뱅처럼 '말'의 세계가 탄생했다고 할 수 있다.

우리말, 몸과 공명하고 얼로 소통하는 생명의 언어

말은 근원적으로 몸과 연결되고 생명과 연결되어 있다. 이것이 말의 본질이거니와 우리말은 특별히 그 본질을 잘 보존하고 있다. 우리말의 힘이 여기서 비롯한다. 몸과 공명하고 얼로써 소통하는 우리말은 참으로 '생명의 언어'라 이를 만하다.

얼을 찾는 첫걸음은 자기 자신과 소통하는 것이다. 자기 몸을 느끼고 몸의 소리를 들으며 대화하는 과정을 통해 몸과 마음의 기운이 순조롭게 풀리면서 균형을 되찾을 수 있다. 이것이 얼을 살리는 과정이자 멘탈헬스를 이루는 방법이다.

멘탈헬스는 몸과의 소통에서 시작해야 한다. 흐름이 불균형한 몸을 수승화강水昇火降하는 상태로 바꿈으로써 얼이 살아나게 할 수 있다. 수승화강은 아랫배는 따뜻하고 머리는 시원한 상태이다. 이 흐름을 좌우하는 것이 호흡이다. 숨을 잘 쉬면 수승화강이 이루어지고, 숨이 잘못되면 수승화강을 깨뜨리게 된다.

누워 있는 아기를 보면 배가 위아래로 오르락내리락 하면서 숨을 쉰다. 아기들은 한겨울에도 양말을 벗어 내던지고 맨발로 뛰어다니며 논다. 또 아기들 입에서는 맑은 침이 넘쳐흐를 정도로 잘 나온다. 이것이 모두 수승화강 상태임을 나타내는 몸의 반응이다. 반대로 호흡이 위로 올라오고 몸이 차고 입이 마르는 것은 수승화강이 깨졌다는 신호이다. 몸을 느끼고 몸의 반응을 살피면서 호흡을 조절하는 감각을 터득하는 것이 멘탈헬스의 핵심이다.

이렇듯 몸과 소통하는 감각을 키우면 자신의 다른 능력들도 더욱 힘을 얻는다. 이는 멘탈헬스가 자아실현으로 이어지는 단계이다.

멘탈헬스의 기준으로 볼 때 우리말을 쓰는 사람은 다른 언어를 쓰는 사람들보다 기본 점수를 더 받고 시작하는 셈이다. 현재 한국인의 멘탈헬스 지수는 다른 나라에 비해 그리 좋은 편이 아니다. 하지만 우리는 좋은 기본 점수를 쥐고 있으니까 좀더 노력하면 틀림없이 제 실력이 나올 것이다.

우리말에 담긴 뜻을 바로 알면 도덕교육이 되고, 우리말 소리를 활용하면 건강법이 된다. 이것이 우리말 속에 숨은 또 하나의 비밀이다. 사람의 정신을 살리고 몸도 살리는 우리말의 세계를 우리는 그동안 왜 알려고 하지 않았을까? 이제부터라도 다들 이 세계의 매력을 알아채고 한껏 즐기기를 바란다.

뜻이 깊고 아름다운 우리말 몇 가지

다음은 앞에서 다루지 못한 우리말 몇 가지를 덧붙인다. 한결같이 뜻이 깊고 아름다운 우리말이다.

마음과 몸

마음에서 '마'는 처음(맏형), 참된(마땅하다), 옳은(맞다)의 뜻을 품고 있다. '음'은 움(씨가 싹 트는 것)과 같으니 마음이란 '참된 첫 씨'라는 뜻이 된다. 몸은 움직이면서 자라는 것이니 몸이란 마음이 키워낸 열매라고 할 수 있다.

마음이 몸을 키우고, 몸은 마음의 자리가 됨으로써 몸과 마음은 하나로 연결되어 서로에게 반응하는 운행체계를 이룬다. 이 운행체계의 센터 역할을 하는 것은 뇌다. 뇌라는 신경체계를 통해 몸과 마음의 고리가 완성된다.

마음과 몸이 이루어내는 균형과 불균형 속에서 인생의 희로애락이 탄생한다. 천부경은 이를 '묘연만왕만래 妙衍萬往萬來'하지만 '용변부동본 用變不動本'하고 '본심본태양앙명 本心本太陽昻明'하니 '인중천지일 人中天地一'이라고 일러준다. 묘하게 어우러지며 만물이 생성과 소멸을 거듭하지만 근본은 변함이 없고, 마음의 근본과 우주 만물의 근본이 하나로 통하면 밝아지니, 마음을 밝힌 사람에게는 하늘과 땅이 하나라는 것이다. 마음이나 몸 어느 한쪽에 치우침 없이 두루 보살피면서 근본과 통하여 밝아지라는 선인의 간곡한 가르침이다.

말

'말'은 '마음'에서 비롯했다. 말은 마+알(얼)이니 '마음의 알맹이'라는 뜻이다. 말을 한다는 것은 나의 본질인 얼의 상태를 드러내는 일이다. 얼이 시든 사람의 말에는 생명력이 없고, 얼이 활짝 핀 사람은 말로써 다른 사람을 살린다.

내가 하는 말에 나의 얼이 비쳐 나오듯이, 우리말을 통해 우리 민족의 얼을 볼 수 있다. 우리말의 가치를 알고 쓰는 것이 우리의 얼을 더욱 빛내는 길이다.

님

님의 뿌리인 '니마'는 태양신을 뜻한다. 니마가 '님'으로 쓰이고, 태음신을 뜻하는 고마가 '금'으로 쓰이면서 '님금'이 됐다. 님금은 최고 지도자를 뜻하는 '임금'으로 쓰였고, '단군'이라는 말도 여기서 나왔다는 견해가 있다.

님은 오늘날 상대방을 높여 부르는 말로 쓰인다. 이 역시 인간의 정체성을 신이라고 보는 우리말의 의식이 담긴 표현이다. 상대방을 'ㅇㅇ님' 하고 부르는 것은 '반갑습니다'나 '고맙습니다'에 깃든 뜻과 마찬가지로 '태양처럼 밝은 존재'라는 존중의 뜻을 담은 것이다.

사랑

사랑은 한자말 '사량思量(생각하여 헤아림)'이 변한 말이라고 알려져 있다. 그런데 우리말과 뿌리가 같은 만주어 '사라'의 쓰임새를 통해 살펴보면 사랑은 활짝 피어나는 것, 마음이 부풀어 오르는 것을 표현한 우리말임을 알 수 있다.

 사랑이라는 말에는 태양을 뜻하는 '라' 음이 들어가 있다. 인간의 역사가 시작된 이래로 사랑은 언제나 따뜻하고 환하게 빛나는 그 무엇이었음을 말을 통해서도 확인할 수 있다.

아름답다

아름답다의 옛말인 '알움'은 알(아, 아리 = 태양)과 움(씨가 싹트는 것)의 뜻이 만나 '타고난 내 안의 씨앗이 싹트는 것'을 가리킨다. 저마다 타고난 것을 잘 살려서 빛을 발하면 그것이 곧 아름다운 것이라는 뜻으로 새길 만하다.

만화로 보는
우리말 8

얼치기군은 우리말 명상 수련을 열심히 하여

환한 얼굴과 건강한 몸을 되찾았답니다!

생명의 이치에 뿌리를 둔 우리말은 몸과의 소통이 매우 뛰어나다. 특히 우리 몸에 관련된 말은 몸과 직접 소통할 수 있다. '눈'이라고 말하면 그 소리가 눈과 공명하고, '배'라고 하면 배와 공명한다. 몸과 공명하고 얼로 소통하는 말이니 참으로 '생명의 언어'라 할 만하다.

얼을 찾는 첫걸음은 자기 자신과 소통하는 것이다. 자기 몸을 느끼고 몸의 소리를 들으며 대화하는 과정을 통해 몸과 마음의 기운이 순조롭게 풀리면서 균형을 되찾을 수 있다. 이것이 얼을 살리는 과정이자, 멘탈헬스를 이루는 방법이다. 얼~

아홉

노래하며
얼씨구 좋은 세상으로

우리나라의 고대 문명을 이룬 귀중한 씨앗 하나가 우리말 속에 뿌리를 내렸다. 말 속에서 말을 키운 씨앗은 지금도 말과 함께 우리 곁에 있다. 그 씨앗을 발견하는 순간 씨앗은 마법처럼 내 안에서 나를 키운다. 얼의 씨앗. 이는 삶의 길을 밝히고 행복을 창조하는 귀중한 열쇠이다.

얼은 사람이 사람의 길을 가게 하는 것

얼을 찾는 일은 시간이 흐를수록 더욱 급박해지고 있다. 지구 환경이 우리에게 시간이 많지 않다는 신호를 계속 보내오고 있기 때문이다. 요즘 우리나라의 기후는 어릴 적하고 다른 정도가 아니라 바로 지난해하고도 차이가 날 정도로 급격하게 변화하고 있다. 온난화에 대한 논의는 많지만 상황은 해마다 더욱 심각해지고, 인구 13억인 중국의 경제 성장은 그 자체로 환경에 커다란 위협요소가 되고 있다. 지구가 더 이상 버티지 못하고 자체 정화 기능을 발동한다면 인간은 엄청난 자연재해 앞에서 속수무책으로 스러질 수밖에 없다.

지금도 지구 어디에선가는 아이들이 여전히 굶어 죽거나 폭력에 희생당하고 있다. 이런 문제를 해결하지 않고 자신의 건강과 행복만을 추구하는 것은 사람으로서의 도리가 아니다.

얼을 찾아야 내가 살고 세상이 산다. 이제는 살기 위해서 얼을 찾아야 하는 상황이 되었다. 세상에 변화가 필요하다는 것을 모르는 사람은 없다. 무엇부터 어떻게 바꿔야 할지를 모를 뿐이다.

물질문명이 좌초해가는 와중에 세계적으로 멘탈헬스가 부상하고 있다. 이는 변화의 절박함을 반영하는 하나의 대안이라고 볼 수 있을 것이다. 멘탈헬스가 실질적인 대안이 되려면 멘탈의 핵심인 얼을 알아야 한다. 얼에 대한 인식 없이 멘탈만 다뤄서는 기대하는 변화를 이끌어내기가 어렵다.

정신은 여러 가치를 포함하지만, 얼은 절대가치다. 절대가치가 살아 있어야 사람 노릇을 할 수 있다. 절대가치를 버린 사람은 야수와 다를 바 없다. 머리가 좋은 사람일수록 더 지독한 야수가 된다.

사람이 사람의 길을 가게 하는 것이 얼이다. 그 길로 가는 이정표에 적힌 것이 '얼'이고 '양심'이고 '홍익'이다. 야수의 들판에서 헤매지 않고 사람의 길을 선택한 사람이 홍익인간이다. 홍익인간이라는 개념은 세계사에서 희귀하다. 참된 인간성의 가치를 말하고, 그 가치를 회복하는 것을 개인과 공동체의 목표로 삼은 예를 어디서 찾을 수 있던

가. 종교는 인간과 신을 완전히 분리하여 인간을 구원을 비는 존재로 만들었다. 그러나 홍익인간은 스스로 신인이 되는 길을 선택한다. 내 안의 신성을 깨워 인간으로서의 가치를 온전히 실현하는 길이다.

이 길이 우리 문화 속에 뚜렷이 새겨져 있다. 발길이 닿지 않아 가려진 숲 속의 오솔길처럼 돼버렸지만 이 길을 안내하는 표식은 결코 사라질 수 없는 곳에 남겨져 있다. 그것이 우리말이다. 홍익의 유전자는 핏속뿐 아니라 우리말 속에 더욱 생생하게 심겨 전해왔다.

더 이상 외면할 수 없는 길이 우리 눈앞에 있다. 이 길이 아니면 사람이 선택할 수 있는 다른 길이 없다. 얼을 찾아 나를 살리고 세상을 살리라는 메시지를 지구가 우리에게 다급하게 전해오고 있다. 얼이 살아야 경쟁, 성공, 소유, 지배에서 화합, 상생, 공유, 존중으로 가치를 전환할 수 있다. 그렇게 나도 좋고 너도 좋고 모두에게 좋은 세상, 그것이 얼씨구 좋은 세상이다.

얼마 전에 노래를 하나 만들었다. 얼씨구 좋은 세상을 그리는 노래이다. '얼을 찾아 세상을 살리세'라는 제목의 이 노래를 여러분에게 전하며 우리말, 우리얼 이야기를 마친다.

어떤 상황에서든 희망이 있고 장애가 있다. 희망이 아무리 커도 관리하지 않으면 어느새 희망이 장애가 된다. 또 아무리 큰 장애도 정성을 쏟으면 거기서 희망이 자란다. 희망과 장애를 함께 보면서 내일을 준비하자. 아리랑 아리랑 노래하며 환한 얼굴로!

얼을 찾아 세상을 살리세

얼이 있는 사람에겐 보이네. 가슴 깊이 느껴지네
무너져 가는 학교여, 흩어져 가는 가족이여
어두운 미래를 짊어진 슬픈 세상이여 세상이여

그들에게 더 좋은 세상, 더 큰 세상으로 가는
환한 꿈의 노래 하나 들려주고 싶나니
얼이 깨어난 사람들은 어서 모이세

잃어버린 얼을 찾아 희망의 세상으로 가는
모두가 행복해지는 노래를 불러보세

우린 모두 한얼 안에 한울이여 한알이라네
얼을 찾아 얼씨구 좋은 세상 우리가 만드세

'얼을 찾아 세상을 살리세' 애니메이션 뮤직 비디오를
스마트폰으로 보실 수 있습니다. www.ilchi.net

우리얼 찾기

국 학 원

한민족의 새로운 탄생과 지구 경영을 위하여
우리 고유의 역사와 문화 속에 담긴 철학을 연구하고 교육한다.
www.kookhakwon.org

국학원은 우리 민족 고유의 홍익철학을 인간사랑 나라사랑 지구사랑의 정신으로 계승, 발전시켜 국내는 물론 전 세계에 이를 알리기 위해 설립된 순수 민간연구교육기관이다. '한민족의 새로운 탄생과 지구 경영을 위하여'라는 설립 이념에 따라 국민교육과 학술연구 및 문화 사업을 전개함으로써 한민족의 홍익정신을 회복하고 21세기 지구촌 평화의 시대를 선도해 나가고자 한다.

국학원은 이승헌 총장(글로벌사이버대학교)의 제안으로 뜻을 같이 하는 각계 각층의 국민과 단체가 모여 2002년 7월에 설립되었다. 초대 원장에 장준봉 전 경향신문사 사장이 취임했으며, 현재 장영주 한민족역사문화공원장이 국학원장직을 대행하고 있다. 설립 2년 뒤인 2004년 6월 국민의 성금을 모아 민족정신의 전당인 국학원(충남 천안시)을 완공하여 개원하였다. 현재 국학원에는 34명의 고문진과 교수 및 문화예술인 200여 명의 자문위원이 국학진흥을 위한 활동에 참여하고 있다.

국학원은 창립 초부터 오늘날까지 10년간 월 1회 국민강좌(국학포럼)와 국내 및 국제 학술회의 등을 매분기마다 열어 국학을 학문적으로 정립해왔다. 또한 바른 역사 정립을 통한 동북아평화의 기틀을 마

런코자 동북아 고대사의 공통분모인 천손문화 발굴에 힘써왔으며, 국학운동을 통한 사회적 여론 조성과 국민계몽으로 국학의 대중화에 노력해 오고 있다. 특히 국학교육원에서는 공무원, 군인, 기업인 그리고 각급 학생 등을 대상으로 국학교육을 활발하게 전개해 오고 있다.

국학원 산하에는 서울, 인천, 대전, 대구, 부산, 제주 등 전국 16개 시·도에 지역 국학원이 있으며, 1천여 명의 국학강사가 방방곳곳에서 홍익정신과 한민족의 정체성을 알리기 위해 노력하고 있다.

이밖에 중국의 동북공정에 반대하는 고구려지킴이 활동을 시작으로 중국과 일본의 역사왜곡 저지와 바른 역사 알리기 활동을 비롯한 민족정신을 바로 세우는 다양한 사회활동 및 문화 활동을 벌여나가고 있다. 중국의 한글 및 아리랑, 농악 등 우리 민족문화에 대한 침탈, 만리장성 늘리기를 통한 역사 및 영토 왜곡 그리고 일본의 독도 도발 등을 규탄하는 기자회견, 대국민 서명운동, 항의시위, 전시회 등을 펼쳐왔다.

국학원은 모두가 행복한 대한민국을 만들자는 취지로 200여 시민사회단체와 함께 지난 2012년 11월 '우리얼찾기 범국민운동'을 전개해 13일 만에 100만 명 국민이 서명에 동참하는 뜨거운 호응을 받았다. 이는 우리나라가 무역 규모 세계 10위권, 1인당 국민소득 2만3천 달러인데 반해 국민행복지수는 OECD국가 중 최하위로 사회 전반의 문제가 물질문명 속에서 우리 얼을 잃어버렸다고 평가한 데 따른 것이다.

국학원은 얼이 깨어나 국민의식이 높아짐으로써 대한민국이 인류 평화를 창조하고 정신문명의 시대를 열어가는 지도국이 되자는 국민의 희망과 염원을 실현해나가고 있다.

코리안스피릿

우리민족 고유의 문화유산인 국학정신을
세계에 알려 지구평화를 실현한다
www.ikoreanspirit.com

〈코리안스피릿〉 국학신문사는 지난 2천 년 동안 잊고 외면하고 잃어버렸던 우리 고유의 역사, 문화, 정신을 다시금 일깨우고 찾는 것을 사명으로 한 인터넷 신문사다.

불교가 우리나라에 들어오기 전, 유교가 이 땅에 유입되기 전 한민족에게 고유한 사상과 문화가 있었으니 바로 '천지인天地人 사상에 뿌리를 둔 '홍익인간弘益人間 정신'이다. '홍익인간 정신'의 뿌리이며 '하늘과 땅과 사람이 하나'라는 천지인 사상은 국학의 결정체이며 핵심이

다. 홍익철학은 우리 민족만을 위한 것이 아니라 인류가 조화와 상생으로 함께 잘 살자는 철학으로, 21세기의 화두인 지구평화에 가장 적합한 철학이다.

2006년 11월 인터넷〈국학뉴스〉로 출발한〈코리안스피릿〉은 그 해 '우리역사바로알기시민연대', '국학운동시민연합'과 제휴하여 우리 고유의 역사와 국학을 알리기 시작했다. 2007년 3월에는 고조선 역사부활 국민대축제를 후원하고, 10월에 개천 홍익문화 대축제를 후원했다. 또 2008년과 2009년에는 개천절 경축행사를 후원했다.

2010년 초〈국학뉴스〉로 인터넷신문사 등록을 하여 언론활동을 시작한 후 그해 8월부터 인쇄물 월간〈국학신문〉을 발행하였다. 2010년, 2011년 개천절 경축행사 후원, 기획보도 등으로 국학을 알려왔으며, 2012년 1월〈코리안스피릿〉이라는 제호로 새롭게 출발하여 국학을 알리는 데 심혈을 기울이고 있다.

인터넷신문〈코리안스피릿〉은 우리 고유의 역사·문화·정신 즉 홍익정신을 다시금 일깨워 한민족의 정체성을 확립하고 지구평화라는 사명을 이루는 데 앞장선, 대한민국의 빛이 되고 인류의 희망이 되는 언론이다.

행복의 열쇠가 숨어 있는
우리말의 비밀

초판 1쇄 인쇄 2013(4346)년 3월 11일
초판 1쇄 발행 2013(4346)년 3월 20일

지은이·이승헌
펴낸이·심정숙
펴낸곳·(주)한문화멀티미디어
등록·1990. 11. 28. 제 21-209호
주소·서울시 강남구 논현2동 277-20 논현빌딩 6층 (135-833)
전화·영업부 2016-3500 편집부 2016-3507 팩스 2016-3541
http://www.hanmunhwa.com

편집·이미향 강정화 최연실 진정근
디자인 제작·이정희 목수정
경영·강윤정 권은주 | 홍보·박진양 임선환
영업·윤정호 조동희 | 물류·윤장호 박경수

만든 사람들
기획총괄·고훈경 | 편집·방은진 강정화 | 디자인·이정희

ⓒ이승헌, 2013. Printed in Seoul, Korea
ISBN 978-89-5699-153-5 03810

잘못된 책은 본사나 서점에서 바꾸어 드립니다.
저자와의 협의에 따라 인지를 생략합니다.
본사의 허락 없이 임의로 내용의 일부를 인용하거나 전재, 복사하는 행위를 금합니다.